LE POISSON D'OR

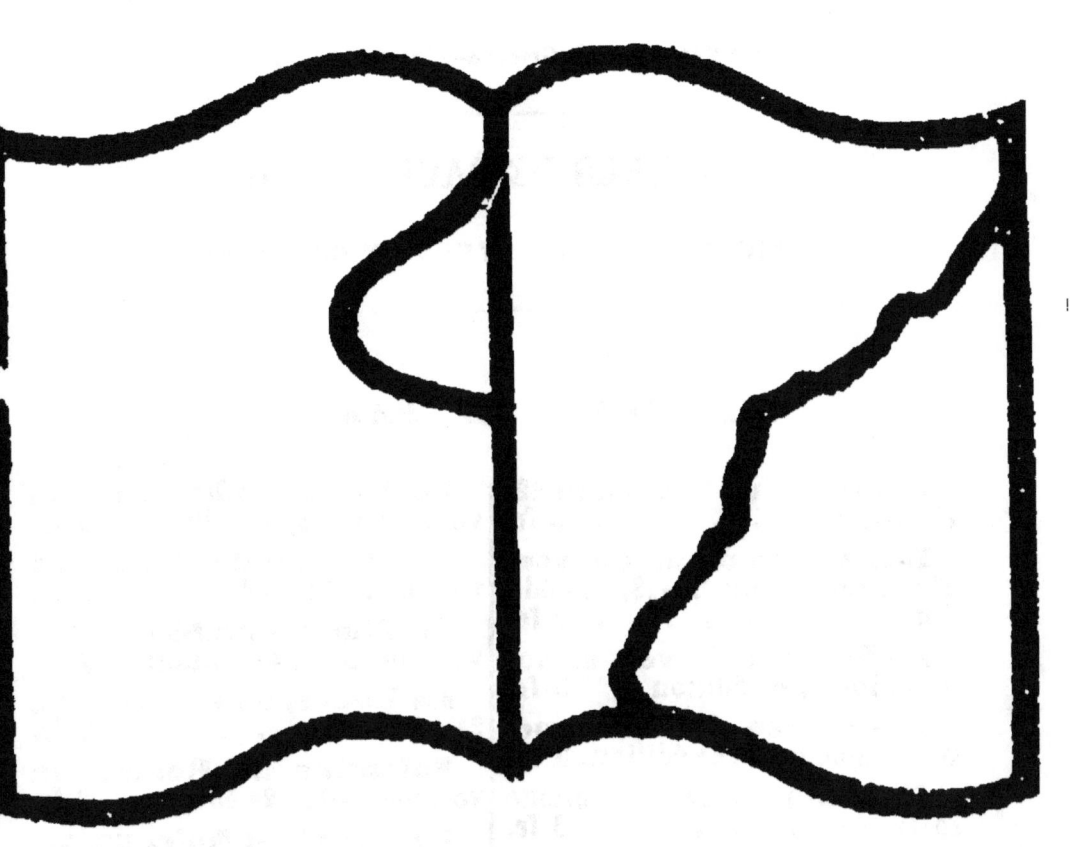

Texte détérioré — reliure défectueuse
NF Z 43-120-11

PUBLICATIONS
DE LA
SOCIÉTÉ GÉNÉRALE DE LIBRAIRIE CATHOLIQUE

V⁰ᵉ PALMÉ, rue de Grenelle-Saint-Germain, Paris

ŒUVRES DE PAUL FÉVAL
SOIGNEUSEMENT REVUES ET CORRIGÉES

VIENNENT DE PARAÎ

Jésuites! un fort vol. in-12, 14ᵉ édition . . . . . . 3 fr.

Les étapes d'une conversion, un volume in-12, 14ᵉ édition. . . . . 3 fr.

La Fée des Grèves, un volume in-12, 6ᵉ édition . 3 fr.

Les contes de Bretagne, un volume in-12, 6ᵉ édition. 3 fr.

Châteaupauvre, un volume in-12, 6ᵉ édition . . . 3 fr.

L'Homme de Fer, un volume in-12, nouvelle édit. 3 fr.

Frère Tranquille, un volume in-12, 4ᵉ édition. . 3 fr.

Le Dernier Chevalier, un volume in-12, 4ᵉ édition . 3 fr.

Le Château de Velours, 1 volume in-12, 4ᵉ édition . 3 fr.

La Fille du Juif-Errant, 1 volume in-12, 4ᵉ édition . 3 fr.

La Louve, un volume in-12, 2ᵉ édition . . . . . 3 fr.

Valentine de Rohan, un volume in-12, 2ᵉ édition . 3 fr.

Le Mendiant Noir, un volume in-12. . . . . . 3 fr.

Les Romans Enfantins, 1 volume in-12. . . . . . 3 fr.

PIERRE BLOT
Second épisode des *Étapes d'une Conversion*

Un beau volume in-18, 8ᵉ édition. . . . . 3 fr.

Saint-Amand (Cher). — Imprimerie de DESTENAY.

ŒUVRES
DE
PAUL FÉVAL
SOIGNEUSEMENT REVUES ET CORRIGÉES

LE
POISSON D'OR

SOCIÉTÉ GÉNÉRALE DE LIBRAIRIE CATHOLIQUE

PARIS	BRUXELLES
VICTOR PALMÉ	ALBANEL
Directeur Général	Directeur de la succursale pour la Belgique et la Hollande
25, rue de Grenelle-Saint-Germain.	5, place de Louvain, 5

1878

A MES BONNES

ET BIEN CHÈRES SŒURS

LE POISSON D'OR

SOIRÉE CHEZ LA MARQUISE

I

J'ai déjà raconté bien des histoires qui venaient du salon de la Marquise. Elles ont obtenu un certain succès, cela m'encourage. Quelques semaines après la fameuse soirée où sir Walter Scott raconta *La Garde noire*, ce fut un ministre qui prit la parole.

En ce temps-là, les ministres n'étaient pas « tout le monde. » L'histoire parlera de celui-ci un petit peu, dans un petit coin.

Il avait l'honneur d'être Breton et avocat comme Saint-Yves.

C'était une figure carrée, souriante, quelque peu narquoise, sur un cou gras et trop court. Les intonations de sa voix rappelaient un peu le chant de certains oiseaux aquatiques, qualité de sons fort répandue dans le département d'Ille-et-Vilaine et qui étonna Rome par l'organe de Scipion Nasica. Le mot *distinction*, dont on fait un abus si cruel dans les salons situés derrière les boutiques, ne pouvait point lui être appliqué. Vous l'eussiez pris pour un riverain des Danubes de Normandie, ou pour un procureur angevin osant son premier voyage de Paris.

Dans sa personne, dans son costume, dans ses manières surtout, il y avait un sans façon qui n'était pas tout à fait de l'aisance. La bonhomie du conquérant est facile à reconnaître.

Cependant, le mot cynisme serait infiniment trop gros pour caractériser les nuances de ce rôle du parvenu sachant vivre, qui ne pèche pas du tout par ignorance et calcule avec sang-froid la limite précise qui doit borner l'essor de ses audaces.

Un héritage se garde tout seul, souvenons-nous de cela, mais il faut défendre le bien venu par la victoire.

Une fois, en travaillant avec Louis XVIII, notre homme s'était oublié jusqu'à déposer sur la table royale son mouchoir et sa tabatière.

— Mettez-vous à votre aise, avait dit le père de la Charte en riant, c'est cela : videz vos poches, monsieur le comte !

La réponse de notre homme est célèbre et il la laissa tomber sans s'émouvoir le moins du monde.

— Sire, dit-il, poches qui se vident valent mieux que poches qui se gonflent,

J'ai connu des ministres qui n'avaient pas cette manière de voir.

On citait de lui beaucoup de ces mots gaulois et honnêtes. Il avait quelques douzaines d'amis plus ou moins dévoués et des millions d'ennemis : c'est le succès en France. Pour comble, Barthélémy et Méry avaient pris la peine de le chanter en beaux vers qui claquaient comme des fouets de poste. La satire, chez nous, ne sert qu'à proclamer la royauté de la vogue.

Dès qu'il eut pris place dans le fauteuil attribué aux conteurs, et qu'on appelait *la sellette*, le cercle de la marquise fit silence ; seulement, la belle duchesse de D***, qui était la nièce de Talleyrand et qui n'aimait pas du tout le ministre, chuchota ;

— Son Excellence va nous révéler quelque bon petit secret d'État !

— Mesdames, répliqua Son Excellence, je ferai tout ce que vous m'ordonnerez. J'ai dans ma poche la dernière circulaire électorale et cinq projets de lois tous plus jolis les uns que les autres. Mais, si vous m'en croyez, vous me laisserez dire à ma guise. Voilà quinze grands jours que je vous prépare, dans le silence du cabinet, un conte de ma mère l'Oie : *le Poisson d'or*.

Il y eut un murmure général à ces mots : « un conte de ma mère l'Oie. » La marquise et ses fidèles n'entendaient point raillerie dès qu'il s'agissait de la spécialité de leur cercle. Son Excellence, sans doute, avait tenu tête à bien des orages, « dans une autre enceinte, » comme on disait alors ; mais Son Excellence était ici pour plaire ; elle promena sur l'auditoire le

plus souriant de ses regards et répéta :
— *Le Poisson d'or*, mon Dieu, oui, belles dames ! Je vous supplie de ne point me condamner sans m'entendre. J'ai mission de vous divertir pendant une heure ou deux : c'est grave. Désespérant d'arriver à mon but en détachant un épisode de ma carrière politique, tout unie et surtout connue comme la biographie du loup blanc, j'ai fait appel à d'anciens souvenirs. Avant certaine soirée où Sa Majesté me fit l'honneur de me demander : » Comment va M. le comte de Corbière, » je n'étais pas même M. de Corbière ; j'étais Corbière tout court, assez bon petit avocat du barreau de Rennes, et à l'époque où fut pêché le poisson d'or, j'aurais été l'homme le plus étonné du monde si quelque sorcier breton m'eût prédit que je m'asseoirais un jour sur ce fauteuil, trône des illustres conteurs parisiens.

En l'an de grâce 1376, Jean II, chevalier, sire de Penilis...

— Eh quoi ! s'écria la duchesse, vos souvenirs de jeunesse remontent-ils vraiment jusque-là, monseigneur ?

— Belle dame, répartit le ministre, votre chère et charmante sœur, la comtesse de Chédéglise, porte mon poisson d'or sur champ d'azur dans son écusson d'alliance, et M. le prince de Talleyrand, votre digne oncle, qui a la bonté de croire en Dieu de temps en temps, quoi qu'on en dise, a tenu pendant toute une soirée le vieux curé de Plœmeur par un bouton de sa soutane pour écouter mieux la légende du merlus du Trou-Tonnerre, que je vais vous raconter ce soir.

Et, à ce propos, vous me permettrez d'autant plus volontiers une petite digression préliminaire, que vous semblez moins curieuses de connaître mon pauvre conte. Le merlus autrement dit la merluche est un poisson du genre *gade*, très-commun sur nos côtes de Bretagne et de Normandie ; on l'appelle, à Paris, morue fraîche ou cabillaud. Il me paraît donc bien établi, tout d'abord, que le merlus, en lui même n'est pas un personnage fantastique comme les dragons et les mandragues des récits de chevalerie.

On dit là-bas, en manière de proverbe : « Maigre comme un merlus. » C'est le vendredi du chrétien pauvre. Entre Avranches et Saint-Nazaire, on fait une soupe de merlus pour deux sous : une *cotriade*, si vous voulez le vrai nom de la bouillabaisse bretonne.

Il n'est personne ici, excepté moi, qui n'ait ses raisons pour connaître quelque peu la noble science du blason. Ces dames n'ont peut-être pas toutes lu Jean d'Arras, le père Étienne, n même Brantôme, mais ces messieurs pourront témoigner que l'histoire héraldique des maisons de Lusignan, de Sassenage, de Luxembourg et de Rohan, serait on ne peut plus pâle sans la fée Mélusine. La fée Mélusine était un poisson, au moins par sa queue. Presque tous les vieux auteurs écrivent Merlusine. De merlusine à merlus, je m'adresse à votre conscience et je vous demande s'il y a plus large que le doigt !

Or, si l'on établissait devant vous, preuves en mains, que cette merveilleuse sirène des temps chevaleresques, Mélusine, fille de Pessine, tête de vierge sur un corps d'anguille, est venue, ces années dernières, en plein dix-neuvième siècle, pousser ses trois cris fatidiques pour sauver un descendant du premier baron chrétien, un fils des ducs de Bretagne ou un héritier des rois de Jérusalem, votre curiosité serait vivement excitée, n'est-ce pas ? Eh bien !

en Bretagne, Penilis s'allie, depuis cinq cents ans, à Rohan, à Rieux, à Chateaubriand, et son merlus vaut la mélusine.

J'ajoute, pour clore ma préface, que Penilis est aussi noblement apparenté à Paris qu'à Quimper. Mme la duchesse, qui a appris un peu de breton à l'occasion du mariage de sa sœur, sait que Chédéglise (chef ou tête d'église) est la traduction exacte du nom celtique Pen-Ilis.

Ce fut, disais-je, en l'an de grâce 1376, le quatorzième jour de juin, un dimanche, que les chartes constatent pour la première fois la pêche du poisson d'or, opérée à l'aide de certaines pratiques, déjà traditionnelles à cette époque, par Jean II, chevalier, seigneur de Penilis, de Lok-Eltas-en-l'Ile, de Kerpape et du Talud.

Le bon gentilhomme avait été ruiné par procès et par guerres. Il ne possédait plus ce qu'il fallait pour aller en décent équipage à la croisade. La pêche miraculeuse lui fournit de quoi mettre à cheval sept lances, qui accompagnèrent avec lui le Riche-Duc en Palestine.

Cinq autre fois, et dans des circonstances diverses, le poisson d'or vint au secours des descendants de la maison de Penilis, comme il appert de chartes authentiques déposées au château de Chédéglise. La septième et dernière pêche, qui eut lieu au mois de juillet 1804, est le sujet de la présente histoire.

J'étais jeune, je travaillais ardemment à me faire un nom, mais Rennes, ma patrie, est une admirable pépinière d'avocats, et malgré tous mes efforts, je restais étouffé sous le boisseau de la concurrence. Pour briller au barreau il faut choisir ses causes; Or, Dieu sait qu'il ne m'était pas permis de faire le difficile ; le plus pauvre des clients était pour moi une aubaine et je me cramponnais à lui comme à une proie.

Un matin, le bedeau de la paroisse de Toussaints, où j'avais coutume d'accomplir mes dévotions, vint me voir avec un personnage de haute taille, très-maigre, et dont le costume annonçait la gêne. Je reconnus en lui l'éternel client du jeune avocat : le plaideur pour qui l'on parle gratis et à qui, par-dessus le marché, on est obligé de faire un peu l'aumône.

— Voilà M. Keroulaz, de Port-Louis, me dit mon bedeau d'un air triomphant : ça avait des mille et des cents avant la révolution, mais dame ! vas-y voir !

Hélas ! de mon bureau où j'étais, je le voyais assez. M. Keroulaz, de Port-Louis, me fit un grave salut, et Fayet, notre bedeau, reprit :

— Vous savez bien le proverbe : « Avocats, lèche-plats, » pas vrai ? « Procureurs, voleurs, » allez donc ! Ceux de Lorient ne veulent pas plaider pour lui rapport au Judas, riche comme un puits et qui a le bras long. Larrons en foire, dites donc ! Si vous priez Mandrin d'arrêter Cartouche, il vous répond : Serviteur !... Voilà. J'ai donc dit : Il y a le petit Corbière qui mange son pain sec, quand sa maman oublie de cuire le pot-au-feu, c'est votre affaire. Il irait plaider à Rome et donnerait encore un écu pour la peine. Hé hé hé hé ! dites donc ! Le mot pour rire ! Ah dame ! je l'ai, que voulez-vous !

Ici, Fayet me pointa son doigt dans la poitrine. Avant d'être d'église, il avait balayé les salles d'armes.

J'examinais M. Keroulaz, qui restait debout et découvert devant moi. Sa figure m'intéressait, d'autant qu'il ne prêtait aucune attention au bavardage impertinent du bedeau. J'étais, ce matin, d'humeur ombrageuse ; si M. Keroulaz eût seulement souri, je l'envoyais chercher fortune ailleurs. Mais le pauvre homme n'avait garde de sourire ; il souffrait, cela se voyait, et rien qu'à le regarder, le cœur se serrait. L'idée me vint qu'il avait faim. Aussi, dès que Fayet, remercié, fut retourné à ses affaires, je fis asseoir M. Keroulaz et lui proposai à rafraîchir. Il me refusa en rougissant. Je ne suis ni trop délicat, ni trop timide ; pourtant, je n'osai pas insister.

— Y a-t-il longtemps que vous êtes à Rennes, monsieur ? demandai-je.

— Trois jours, me fut-il répondu.

— Avez-vous déjà consulté quelque avocat ?

— Cinq avocats.

Ma physionomie dut parler, car il baissa les yeux et reprit d'une voix où je sentais les larmes :

— J'aurais bien renoncé, mais j'ai ma petite-fille....

Je ne sais pas dire l'effet que produit sur moi une violente émotion modérément exprimée. J'étais déjà l'avocat de M. Keroulaz. J'aime mieux ce mot que celui d'ami, mesdames. Il y a des choses si grandes que la raillerie du vulgaire, cette dent de serpent-patiente et envenimée, s'use à les vouloir mordre. Les gens les plus raillés parmi nous sont les prêtres, les avocats et les médecins. Cherchez bien : vous trouverez sous chaque épigramme au moins une ingratitude.

Sur mon invitation, M. Keroulaz me fit l'exposé de son procès. C'était une de ces affaires très-simples au point de départ, mais qui, par la mauvaise foi d'un côté, par l'imprudence de l'autre, deviennent à la longue inextricables. Il ne s'agissait que d'une presse à sardines.

M. de Keroulaz (il avait supprimé le de) homme de qualité, réduit au besoin par suite des événements, s'était mis dans le commerce, A partir de l'embouchure de la Vilaine jusqu'à Brest, la principale industrie de nos côtes est la pêche et la manipulation de la sardine ; M. Keroulaz, habitué depuis son enfance à vivre parmi les pêcheurs, avait embrassé avec résignation son nouvel et modeste état. La presse, située sur la plage de Gavre, derrière Port-Louis, lui avait été cédée par le citoyen Bruant, Arabe de première force, que les sardiniers appelaient le Judas, moyennant une somme de douze mille francs, dont M. Keroulaz avait, à son dire, effectué le payement intégral. Aucune quittance, néanmoins, n'existait entre ses mains, et ceci vous sera expliqué plus tard. Des années avaient passé, sans qu'il y eût eu réclamation, lorsque tout à coup le citoyen Bruant, intenta une action en revendication de l'objet vendu, affirmant qu'il n'avait jamais reçu un centimo.

Il faudrait beaucoup de paroles, mesdames, pour vous faire comprendre comment un homme de loi, en l'absence de toutes preuves, en l'absence même de ce que la jurisprudence nomme présomptions, peut se faire, du premier coup, sur le plus ténébreux conflit, une conviction lucide et inébranlable. Après avoir entendu M. Keroulaz, je demeurai persuadé de son bon droit et j'en fus presque fâché, tant je voyais peu de jour à le tirer de peine. Aussi, lorsqu'il me dit, complétant loyalement ses explications, que son adversaire n'était pas éloigné de transiger, m'écriai-je :

— C'est un coup du ciel ! Transigez, à tout prix, transigez !

— Cela ne se peut pas, monsieur, répliqua froidement le vieillard. Il demande trop.

— Pourquoi? Que demande-t-il?
— La main de ma petite-fille.

Ici, M. de Corbière fut interrompu par un mouvement qui se fit dans le salon. Chez la marquise, il y avait défense d'annoncer, fût-ce le roi, quand une histoire était entamée, et la personne qui venait d'entrer faisait de son mieux pour passer inaperçue, mais son nom courut de bouche en bouche. Le récit du ministre n'était pas de ceux qui saisissent brusquement la curiosité; l'intérêt y grandissait peu à peu à l'aide de certaines habiletés oratoires. On sait que le hasard aime à favoriser les habiles: le nom de la nouvelle venue rehaussa tout d'un coup de cent pour cent les actions du conteur.

Le murmure discret des invités allait répétant: « Mme la comtesse douairière de Chédéglise. »

C'était l'actualité du récit qui entrait.

La duchesse de D... courut à la rencontre de la nouvelle venue, et la prit par la main. La comtesse douairière de Chédéglise était la belle-mère de sa sœur.

— Chère dame, dit-elle étourdiment, vous devez connaître l'histoire du poisson d'or et de M. Keroulaz, le marchand de sardines, qui avait un procès avec Judas ?...

La comtesse était une femme de quarante ans à peine, très-belle encore, et dont la physionomie remarquablement expressive annonçait la fermeté des grands cœurs. Elle fut frappée, car elle pâlit et son regard inquiet fit le tour du cercle. A la vue du ministre qui restait un peu décontenancé, une nuance d'étonnement passa sur son visage et fut remplacée bientôt par le calme souriant qui rarement l'abandonnait.

— Mignonne, répliqua-t-elle, vous ne dites pas tout le nom de ce marchand de sardines qui avait un procès avec Judas. Je l'ai beaucoup connu, en effet ; il s'appelait Yves-Marie Cosquer du Mettray, marquis de Keroulaz, et c'était mon grand-père.

Elle déposa un baiser sur le front de la duchesse décontenancée à son tour, et passa.

— J'ai fini, murmura Son Excellence, qui fit mine de quitter la sellette.

Ce fut un terrible moment pour la marquise. Ses deux mains se crispèrent comme pour retenir l'histoire qui fuyait. Mais Mme de Chédéglise la rassura d'un sourire.

— Que ma présence n'empêche rien, dit-elle.

Puis, s'adressant au conteur :

— Monsieur Corbière, ajouta-t-elle sans lui donner ni titre ni particule, si votre mémoire fait défaut, je vous viendrai en aide.

En même temps elle s'approcha de lui et lui tendit sa joue, où le ministre, rougissant comme une fillette, déposa un gros baiser tout ému.

Pour le coup, la belle duchesse s'assit sans mot dire ; la marquise se casa solidement dans son fauteuil. Parmi l'auditoire silencieux, vous eussiez entendu la souris courir.

— Où en étais-je ! demanda brusquement le ministre. Je ne vous savais pas à Paris, madame et bien bonne amie... Enfin, n'importe... A la fin de mon entrevue avec M. Keroulaz, j'étais parfaitement fixé sur ce point, qu'il ne pouvait accorder la main de sa fille à M. Bruant, dit Judas, détestable coquin s'il en fût, et sur point, que, devant le tribunal, sa cause était perdue d'avance.

Néanmoins, le lendemain matin, je dis adieu à mon monde et je pris place dans la diligence de Lorient.

C'est une ville toute neuve, née du commerce, vivant de l'administration, et qui s'inquiète peu des souvenirs. Tout le monde y mange le pain du budget et tout le monde, par conséquent, y fait un peu d'opposition. Je ne puis pas me vanter d'être un voyageur, mais, parmi les villes que j'ai parcourues, je n'en ai rencontré aucune où l'on soit si ardent au plaisir. C'est preuve d'ennui, comme la gloutonnerie démontre la famine. Toute l'année, Lorient danse, court le spectacle, se promène à la mer, étale ses pique-nique sur l'herbe et bâille à tire-larigot.

Mais sa rade est un miracle. Il n'y a pas au monde un plus riant point de vue. La première fois que je vis le soleil se lever derrière les grands pins de Caudan, éclairant Penmané, le roc couronné de ruines, le vieux couvent de Sainte-Catherine, l'île Saint-Michel, Port-

Louis, qui ressemble à une ville des Antilles, Kernevel, pareil à une bourgade de l'Hindoustan, Keroman, l'antique manoir perdu dans ses futaies, et ce joyeux château du Ter, au sommet d'un amphithéâtre de forêts, je restai en extase. La rade étincelait au milieu de tout cela, baignant les quais, balançant par-dessus les maisons les mâts des navires de guerre ; d'un côté, pénétrant profondément la côte par le canal du Scorff et la verte tranchée du Blavet, de l'autre, par l'étroite passe qui est entre la citadelle et Larmor, s'élançant vers l'immensité. Je me sentis marin des pieds à la tête, et j'affrontai sans trembler ces ondes plus unies qu'une glace, pour aller à Port-Louis rendre visite à M. Keroulaz.

La traversée, mesdames, ne fut signalée par aucun événement dramatique. J'arrivai sain et sauf chez M. Keroulaz, qui me fit remise d'un volumineux dossier. Il habitait le plus haut étage d'une grande maison grise, dont les croisées regardaient le sud. Par-dessus les ormes des terre-pleins, inclinés sous le vent, il voyait l'île de Groix, coupant la ligne bleue du large. Dans sa chambre, il n'y avait qu'un lit, une table, une chaise et un grand écusson à vingt-quatre cantons qui parlait du passé mélancoliquement. M. Keroulaz n'était pas de ces hommes qui expliquent leur affaire à tout bout de champ. Il ne se plaignait jamais. Au milieu de l'absolu dénûment où je le trouvais, son air restait libre et digne ; je n'aperçus réellement aucun changement dans la douce noblesse de ses manières. Je ne veux pas employer de grands mots et pourtant je voudrais rendre la grande émotion que j'éprouvais près de lui. Ces choses sont difficiles à dire. Tout est difficile, maintenant, dans cette histoire.

Au moment où je prenais congé, il appela Jeanne... Je ne cache pas que j'avais préparé un portrait charmant ; je comptais beaucoup là-dessus : c'était un vrai médaillon, mais comment voulez-vous que je vous fasse le portrait de Jeanne, puisque Mme de Chédéglise a jugé à propos de venir ?...

Ce fut la comtesse elle-même qui répondit à cette question.

— Bon ami, dit-elle en souriant, je vous permets de faire le portrait de Jeanne, qui avait alors seize ans, et que personne ne reconnaîtra aujourd'hui. Vous avez carte blanche.

— C'est égal ! c'est égal ! murmura le ministre ; vous me gâtez tous mes effets !

Puis, d'une voix légèrement attendrie et avec une grâce que sa tournure ne promettait point, il reprit :

— Jeanne était Mlle de Keroulaz. On ne fait

pas le portrait des anges. Tant pis pour vous, madame et bonne amie, je dirai tout uniment ce que je ressentis : il me sembla qu'un rayon de soleil éclairait l'austère nudité de cette cellule. J'eus un sentiment de respect pieux, et ma paupière se mouilla quand le vieillard me dit du haut de son orgueil paternel :

— Monsieur Corbière, vous voyez bien que je ne suis pas si pauvre !

Jeanne était venue là pour me remercier. Je ne sais pas ce qu'elle me dit, mais je sais bien qu'en quittant M. Keroulaz, je m'écriai, dans mon enthousiasme imprudent :

— Quand ce Bruant serait le diable, nous aurons raison de lui !

Il était environ dix heures du matin. C'était une journée de juin radieuse, mais brûlante. Il n'y avait pas un nuage au ciel. Au lieu de

retourner vers Lorient, je passai le bras de Loc-
Malo et je me dirigeai du côté du Gavre. Mon
prétexte, vis-à-vis de moi-même, était de visiter la presse à sardines, objet du procès. Je fe-
rais six fois le tour de Paris pour ne point traverser la place de la Concorde en plein soleil,
tant je suis poltron contre la chaleur, et pourtant je m'engageai sans sourciller dans ces sables
arides où la réverbération de l'eau chauffait
l'atmosphère à plus de quarante degrés centi-
grades. Je me creusais la tête pour trouver des
moyens, comme on dit au Palais, et en dépit
des rayons qui m'aveuglaient, j'essayais de lire
mon dossier. Mesdames, plus de vingt ans
se sont écoulés depuis cette journée, qui, selon
moi, a décidé de tout mon avenir. J'ai gardé de
chacune de mes impressions un souvenir si net
et si vif, qu'il ne m'est pas possible de les
taire.

Je me vois encore sur cette plage, marchant à grands pas et ne cherchant même plus le but de mon excursion. J'allais, je me croyais absorbé dans une lecture qui, par le fait, n'occupait que mes yeux. J'étais chrétien, marié déjà et déjà père ; je ne voudrais même pas que l'idée d'un sentiment romanesque vous vînt un seul instant à l'esprit. Et cependant, cela est bien certain, mon trouble était excessif.

Ce n'était pas à moi que je songeais. Il n'y avait, oh! je l'affirme, rien de personnel dans ma préoccupation. Et néanmoins, tant il est vrai que l'égoïsme est l'essence même de notre nature, c'était moi qui étais, à mon insu, au fond de ma propre émotion. Je m'explique : tout enfantement dégage une fièvre, et cette heure était grosse de ma destinée. Mon étoile naissait, dirais-je, si je n'étais trop peu de chose pour avoir une étoile.

Pendant que je m'efforçais, sollicitant mon cerveau comme s'il eût été en mon pouvoir de convertir à mon gré les faits de la cause ou la conscience du tribunal, un grand mouvement commença de se faire autour de moi, à Gavre où j'étais, au village de Larmor, dont les vitres brillaient parmi les roches sur l'autre rive et aussi sur les grèves lointaines de l'île de Groix, silhouette sombre au milieu de la mer enflammée. Le long des sentiers, des groupes nombreux descendaient égayés déjà par le cidre, malgré l'heure matinale. Les hommes étaient en plein costume des dimanches : je ne connaissais pas encore le langage de ces costumes si variés et pour la plupart si beaux, proclamant au loin le pays de ceux qui les portaient ; sans cela, j'aurais reconnu d'un coup d'œil le noir uniforme d'Hennebon, la chemise plissée de Carnac, le vaste *bragou-bras* de Belz, où le démon bâtit un pont pour saint Cado en une nuit, et le feutre chevaleresque des gars de Saint-Anne d'Auray. Quelques-uns venaient de bien plus loin encore avec leurs femmes, semblables à des bonnes sœurs, allant à pied d'un pas viril, quand elles n'étaient pas juchées sur de hauts chevaux de labour ou entassées dans des charrettes dont les essieux travaillaient avec des cris d'aigle. C'était fête. Les rubans éclataient à tous les corsages et, en tournant mes regards vers la mer, je vis que toutes les barques aussi étaient pavoisées. C'était grande fête.

Chez M. Keroulaz, on ne m'avait prévenu de rien. Dans ces maisons de la douleur, on ne sait pas parler de fêtes. J'interrogeai une charretée de femmes dont le retentissant babil devait s'entendre à trois lieues au large, et il me fut répondu par dix bouches à la fois :

— Celui-là veut se moquer de nous! Ça se

peut-il qu'on ne sache pas que c'est aujourd'hui la bénédiction des Couraux, la messe des sardines et le pardon de la mer?

— C'est un Français! ajouta-t-on avec tout le mépris suprême contenu dans cette outrageante dénomination.

Et la charretée de bonnes femmes continua de descendre vers la côte, en s'étonnant que Dieu, auteur de tant de belles choses, eût commis cette erreur de créer aussi des Français!

Je regardai mieux et je fus distrait un instant, car le spectacle prenait des proportions grandioses. Au milieu du splendide décor, une mise en scène inattendue se faisait. Des deux côtés de l'écueil *la Jument*, marqué par une tour noire, la rade vomissait une véritable cohue de barques grandes et petites, toutes chargées à couler bas. Il y en avait de mille sortes, depuis le lourd bateau de passage jusqu'à la barque de pêche appelant de son énorme misaine la brise qui ne venait point, depuis l'humble *plate* du douanier jusqu'au vaniteux canot, tout rempli de dames voyantes et protégées par la marine de l'État; depuis le sloop de plaisance, fin, haut voilé et lesté à outrance, jusqu'à la baleinière volage roulant à la crête du flot comme une coquille d'œuf. Tout cela glissait et grouillait, forêt vivante, agitant avec paresse, aux haleines essoufflés du calme, tout un feuillage, de drapeaux et d'oriflammes. On n'eût point su dire lequel brillait le plus violemment des dames amies de l'administration, des embarcations repeintes à neuf ou des plis onduleux du drapeau tricolore, je vis des cousines d'enseignes de vaisseau qui étaient plus tricolores que le drapeau lui-même. Je vous parle de longtemps et j'espère que, depuis lors, la plus belle moitié de Lorient à mis une sourdine à sa toilette.

Pendant que la mer présentait cet aspect, le clocher de Port-Louis sonna un carillon lent et grave auquel répondit sur le même ton la tour de Notre-Dame de Larmor, cône de granit terne et rugueux, semblable à un gigantesque coquillage. Et de loin, de bien loin, la brise faible apporta une sorte de soupir métallique qui était le son fêlé des cloches de l'île de Groix, là-bas, au-delà de la mer.

Le tambour invisible battit aux champs derrière ces robustes murailles que Vauban inclina autour de Port-Louis ; on entendit le sonore écho des commandements militaires, et une triple ligne de mousquets étincela sur les remparts.

En même temps, la porte de la citadelle s'ouvrit. Bannière et croix en tête, le clergé mit le pied sur la grève, escortant le dais, sous lequel rayonnait ce soleil d'amour, le Saint Sacrement, joie et salut du monde. Les blancs surplis éployèrent leurs ailes de gaze, la broderie des chapes scintilla, tandis que le serpent d'airain soutenait de son mâle accompagnement les phrases courtes et fermes de la psalmodie catholique.

C'était pareillement à Larmor où la procession, descendant la jetée cyclopéenne, me renvoyait comme un reflet de ces religieuses magnificences avec un écho affaibli du plain-chant. L'encens brûlait sur l'une et sur l'autre rive, et tout là-bas, sur la plage de Groix, une troisième théorie, que la distance faisait muette, apparaissait au travers de la brume poudroyante des beaux jours, semblable à un mystérieux mirage.

Quand la liturgie se taisait, la musique militaire embouchait ses cuivres et battait ses cymbales vibrantes, qui remuent si étrangement le cœur.

Et de loin comme de près, les cloches sonnaient toujours, disant aux pèlerins attardés sur la lande : Hâtez-vous vers la fête de l'été, venez sanctifier la moisson de l'Océan, ce sont aujourd'hui les grandes Rogations de la mer!

D'où sortaient toutes ces barques? Elles couvraient l'eau entre Gavre et Larmor comme l'écaille habille le poisson. Nul n'aurait su en dire le nombre. Il y en avait pour tous et pour toutes. Plus les chevaux abondaient, plus les charrettes foissonnaient, plus les piétons se serraient à la grève comme les fourmis, quand un pas imprudent a bouleversé leur république, plus il y avait de barques vides, attendant les nouveaux venus.

— Quatre sous la place pour la bénédiction des couraux, aller, retour et séjour! Quatre sous pour entendre parler le sous-préfet, pour voir les trois curés et la marine ! On s'arrête à Larmor, si l'on veut, pour boire une écuellée de cidre chez mamam Tabac et dire un *Ave* à Notre Dame. Quatre sous les hommes et les femmes, deux sous les petits enfants et la troupe.

Comme par enchantement, les barques vides s'emplissaient, enfonçant leur plat-bord au niveau de l'eau. Et d'autres venaient : quatre sous ! C'était le cours. On marchandait bien un peu, mais on y passait. Ce n'est pas tous les jours fête.

Le bateau du clergé, orné comme une chapelle, poussa au large au bruit du canon de la citadelle ; les cloches redoublèrent leurs carillons, et, dès que la poudre se tut, un cantique chanté par dix mille voix monta jusqu'au ciel.

Au même instant les prêtres de Larmor et

ceux de l'île de Groix avaient quitté le rivage. Ils voguaient à la rencontre les uns des autres, lentement et suivis à distance par la foule des embarcations profanes.

Bientôt l'espace entre Larmor et Gavre fut complétement dégagé. Les cortéges, formant trois flottes distinctes, convergeaient vers le milieu des couraux où était à l'ancre une *cabotaine* de l'île de Croix, surmontée d'un dais de velours. Malgré la distance, je pouvais distinguer sur le pont l'autel dressé et les cierges qui attendaient l'allumoir.

Le bruit des cantiques s'adoucissait à mesure que les chœurs s'éloignaient, et toutes ces voix rauques arrivaient à former ainsi une belle harmonie. Il ne restait sur la plage que moi et ceux qui n'avaient pas quatre sous. Chacun suivait la cérémonie avec recueillement. Le silence, pourtant, était rompu parfois par un murmure soudain et sourd. Chacun montrait alors la mer, que je voyais briller à de certains endroits comme si elle eût été parsemée de clous d'acier taillés à facettes. Et, tout autour de moi, on répétait à voix basse :

— La sardine ! la sardine !

Bon augure ! la sardine était aussi de la fête ; la sardine, manne de ces pauvres contrées, richesse des forts, pain des faibles.

Sois le bienvenu, petit poisson d'argent, la plus éblouissante des perles de la mer. Tu ne viens là que pour périr, hélas ! Mais l'homme vit-il autrement que par la mort de tout ce qui le sert ? Nage à fleur d'eau, éclaire de tes reflets la fête de tes propres funérailles.

Je n'ai pas l'esprit très-poétique, mais cette solennité produisait une impression profonde sur mes nerfs déjà ébranlés. Le spectacle était grand, malgré l'immensité écrasante du décor.

Ces cantiques lointains berçaient en moi l'enchantement d'un rêve.

Involontairement je songeais à ces fiançailles d'or où Venise la Belle mariait son doge à l'Adriatique esclave. La mer est la beauté idéale. J'excuse et j'aime toutes les idolâtries de la mer qui mire l'immensité de Dieu.

Il se fit soudain un grand silence. Les trois cortéges se rejoignaient, formant désormais trois points mobiles et plus sombres dans l'espace ruisselant d'étincelles. Je vis les trois croix s'incliner et *s'embrasser*, selon l'expression consacrée. Les clergés quittèrent leurs barques et montèrent sur la cabotaine. Tout le monde autour de moi se mit à genoux sur le sable et pria. Je m'agenouillai et je priai.

II.

Pendant que le conteur reprenait haleine, essuyant la sueur de son front avec ce célèbre mouchoir à carreaux qui s'était égaré un jour jusque sur la table du roi de France, nous traduirons au lecteur deux expressions locales fréquemment employées dans son récit.

Sur nos côtes de l'Ouest, les couraux sont des passes situées entre les îles et la terre ferme. Il y a les couraux de Belle-Isle, ceux de Groix, ceux de Glenan et d'autres. Les courants de marée, qui sont l'origine de leur nom, y amènent le poisson, et ces divers couraux sont renommés pour la pêche.

Une cabotaine est un petit navire ponté, servant à transporter la sardine fraîche à Nantes, à la Rochelle ou à Bordeaux : un roulage maritime. Les marins de Groix, réputés pour les plus hardis de la côte, ont des cabotaines d'une marche tout à fait supérieure.

Groix, dont l'étymologie celtique parle de sorcellerie et de druidisme, est une petite île située en face de la rade de Lorient, à deux lieues au large. Les Grésillons, comme on appelle vulgairement ses habitants, n'ont pas une renommée de probité à toute épreuve.

— Ces descriptions, dit cependant la marquise, prenant d'un regard l'opinion de son cercle, sont intéressantes au dernier point ; mais l'histoire, monseigneur, l'histoire !

L'excellente et fanatique marquise!

— Nous y voici, répartit Son Excellence docile à la critique. Avec la meilleure volonté du monde, je ne pourrais d'ailleurs achever cette description qui vous ennuie, mais à laquelle les événements qui suivirent donnent pour moi une importance presque solennelle. Sans le savoir, et peu à peu, j'avais continué de marcher, longeant toujours la grève, afin de me rapprocher d'autant du point où se faisait la cérémonie. J'avais dépassé le village, la chapelle antique qui sert de marque aux gens de mer, et même la presse du citoyen Bruant, objet du procès. J'arrivais aux roches qui ferrent l'extrême pointe de Gavre, et j'allais encore, entouré déjà par le ressac dont la blanche écume se jouait en festons de toutes parts. Je n'étais pas l'homme du grand air ; mes jours et mes nuits, acharnés au travail du cabinet, ne m'avaient pas aguerri contre ces impressions extérieures que supporte si aisément la jeunesse. Je me souviens qu'à un certain instant j'eus vaguement frayeur, parce qu'un éblouissement soudain teignit en rouge les goëmous qui m'environnaient ; la frange d'écume elle-même prit une nuance de sang. Cela dura le quart d'une minute à peine, puis j'eus une fugitive sensation de langueur, après quoi j'éprouvai un grand mouvement de force et de gaieté. L'idée me vint que j'étais capable de rejoindre à la nage toutes ces barques groupées au milieu des couraux. Je m'assis néanmoins, parce que ma tête tournait, et je me mis à rire tranquillement, comme j'ai vu faire aux ivrognes qui ont le vin paisible. A dater de ce moment ce fut un rêve ; la cérémonie lointaine surgit à mes yeux comme un mirage, puis disparut. Je m'endormis, à moins que ce ne fût l'évanouissement qui accompagne les congestions cérébrales.

Je m'éveillai au contact de ce qui me parut être un plein seau d'eau vigoureusement lancé à ma figure. Je sautai sur mes pieds et je demeurai frappé de stupeur. Mon prétendu seau d'eau était une lame. Le vent du sud poussait la marée montante, et le flot dansait tout autour de moi dans les roches. La seconde lame, qui vint en faisant gros dos, et que je ne songeai même pas à éviter, me terrassa. Je me relevai d'instinct et je pris tout bonnement ma course vers le sec, où j'eus le bonheur d'arriver sain et sauf, mais trempé comme une soupe.

Quelques minutes après, j'étais assis, enveloppé dans une couverture de laine, sous le manteau enfumé de la cheminée du père Mikelic, à l'enseigne du *Cygne de la croix*. C'est le meilleur cabaret de Gavre ; il balance la renommée de la mère Tabac, qui est l'orgueil et la consolation de Larmor. On m'avait revêtu de cette couverture, afin de passer à l'eau douce mes vêtements imprégnés de sel, et qui, sans cette précaution, n'auraient pu sécher.

Le jour allait baissant. Je ne puis pas dire que je fusse absolument remis de la secousse qui avait ébranlé mon intelligence. Ma pensée restait un peu étonnée et confuse. Cependant je n'éprouvais aucun malaise et je me sentais un très-bel appétit.

Beaucoup à boire, chez le père Mikelic, mais rien à manger, comme me le déclara Monette, sa servante, demoiselle d'une cinquantaine d'années, qui fumait dans un coin une petite pipe noire dont les vapeurs me tordaient la gorge. Les cabarets de la côte ne font en effet que prêter la marmite aux équipages pour la cotriade, et les équipages les payent en consommant abondamment le cidre. Monette était un peu plus noire que le fourneau de sa pipe, et son parler ressemblait au bruit d'une poignée de cailloux qu'on remuerait dans un sac. Bonne fille, du reste, et qui buvait ses trois chopines d'eau-de-vie quand les messieurs de Lorient voulaient s'amuser à voir cela.

— Et ne pourriez-vous, demandai-je, m'aller chercher un morceau de viande froide quelque part?

— De la viande froide! répéta-t-elle.

Elle ôta sa pipe pour rire à son aise, et dit en breton, pour ne point m'humilier :

« Sont-ils bêtes, ces Français! mon Dieu, sont-ils bêtes! »

En ce moment, le père Mikelic remonta de la cave, portant un pot de cidre dans chaque main. Il ouvrit une petite porte, située à droite de la cheminée, et au travers de laquelle j'entendais rire et chanter depuis mon arrivée. La porte ouverte donna passage à une bonne odeur de cuisine qui exalta incontinent mon appétit. Je glissai mon regard de ce côté : cinq ou six bons gaillards étaient assis autour d'une table dans un trou. C'est à peine si le crépuscule permettait de distinguer leurs visages.

— Amène ! papa Mikelic ! s'écria l'un d'eux d'une voix forte mais enrouée, et laisse la porte ouverte, rapport à Vincent, qu'à l'estomac *délicate* comme une demoiselle... On te donne le restant de la marmitée, comme quoi on a eu, ce soir, les yeux plus grands que le ventre... et file !

— Par alors, me glissa Monette à l'oreille, vous êtes un chanceux : vous aurez de quoi qui vaut mieux que de la viande froide !

On ne mangeait pas souvent des ortolans, chez maman Corbière ; mais le peu qui paraissait sur notre modeste table, à Rennes, brillait du moins par une exquise propreté. L'idée de partager la gamelle de ces braves me causa une certaine frayeur, et, quand Monette eut mis sur mes genoux une épaisse assiette de terre brune remplie d'une sorte de brouet sans forme ni couleur, j'éprouvai un instant d'hésitation. Mais l'odorat rectifia le jugement de la vue, tandis que l'appétit combattait avec avantage mes répugnances d'enfant gâté. Cela sentait merveilleusement bon. Je trempai une croûte de pain dans mon brouet et j'en mis la grosseur d'un pois sur le bout de ma langue. Il ne fallut qu'une épreuve. L'instant d'après, je dévorais à belles dents.

Une cotriade, mijotée selon l'art, est un des mets les plus délicieux qui se puissent goûter.

Monette me dit la composition de celle que je savourais avec tant de plaisir; deux congres noirs, deux raies bouclées, quatre mulets, une dorade, six maquereaux et un demi-cent de pelons (petites dorades de la deuxième année), avec poivre, sel, oignons, piments et filet de vinaigre : en tout, une soixantaine de livres de poissons. A Paris, ce serait beaucoup plus cher qu'un plat de gibier aux truffes.

Monette me quitta parce qu'on demandait :

— De la chandelle ! de la chandelle !

Ce soir mes voisins du trou ne se refusaient rien.

Une voix ajouta :

— Deux pots du plus raide ! Seveno va conter une histoire.

— Cric ! prononça Seveno solennellement.

— Crac ! fut-il répondu en chœur.

— Le feu chez Mikelic !

— La goutte chez la Tabac !... voilà donc qui est comme ça, mes garçailles ! Le Judas, au jour d'aujourd'hui, a je ne ne sais plus combien de navires, son chantier de Nantes et son chantier de Lorient, quatre presses, trois fricasseries, et plus de bonnes terres qu'il ne nous en faudrait à tretous pour la passer douce jusqu'*ad vitam æternam amen*... Nage à bâbord, Vincent : charge mon écuelle... N'empêche qu'il était gueux comme un rat à l'époque, j'en lève la main, et failli pêcheur, par-dessus le marché ; qu'il n'étrennait pas, quelquefois, quand nous amenions la dorade, deux à deux, là-bas, au Grand-Bac ou à la Baleine. Ah ! mais ! et je peux-t-en parler, l'ayant-z-eu un temps pour mon pilotin, fainéant, rapia comme un Grésillion, ficelle comme un marin du levant, et tous les défauts, quoi, en grand, v'là sa ressemblance. N'ayant rien pour lui, sauf de bien tirer la brasse et la coupe, nager, plonger et faire des tours de force dans l'eau pour deux sous... qui n'est pas digne d'un Breton. Hé ho! passe le pot! Le Judas à bas! Regarde voir au bout de ton nez d'où vient le vent. Toute fleur n'est pas des pommes! Pare à boire un coup, mes garçailles! ho hé! houp!

Le salon de la marquise rendit ce murmure qu'on entend au théâtre, quand la pièce arrive à un *effet* d'auteur ou d'acteurs. C'était ici un effet d'acteur. Son Excellence, changeant de note brusquement et quittant le ton du récit pour jouer la comédie, présentait à son auditoire le matelot conteur avec une telle franchise et une telle perfection, qu'il enlevait le succès. Ce n'était pas seulement le langage qui était reproduit, il y avait aussi la voix, l'accent et jusqu'au geste. On était, en vérité, à Gavre, au cabaret du père Mikelic, à la porte de ce paradis où la chandelle fumait aussi généreusement que les pipes.

— Pendant qu'on boit un coup, mesdames, poursuivit le ministre ouvrant une parenthèse, j'ai besoin de vous avertir que vous êtes ici en présence de personnages très-importants. Ce Vincent, dont le nom a été prononcé en passant et qui a reçu mission de charger l'écuelle de Seveno, est tout uniment notre héros, et je proclame avec plaisir que je lui dois les trois quarts des suffrages qui m'envoyèrent à la Chambre des députés aux premiers jours de la Restauration. C'était lui que je voyais le mieux ; il s'asseyait en face de moi sur un billot. Sa tête, couverte de grands cheveux blonds embrouillés, recevait en plein la lumière de la chandelle. Il était très-jeune et me parut tout d'abord appartenir à cette catégorie d'enfants sacrifiés qu'on appelle en Bretagne des *innocents*, catégorie d'où sortent, chose bizarre, presque tous ceux qui font leur chemin au travers de la vie.

Chez nos Bretons, l'innocent est celui qui ne ressemble pas à tout le monde.

Vincent ne ressemblait pas à tout le monde. Le hâle n'avait pu voiler entièrement la blancheur de sa peau, et sa chevelure en désordre faisait ressortir la délicatesse singulière de ses traits. Au milieu de ses compagnons trapus et carrés, la longueur junévile de sa taille lui prêtait une apparence de faiblesse. Bien qu'il fût vêtu de toile à voile comme les autres, sa vareuse avait je ne sais quelle grâce qui ne venait point de l'art du coupeur. Vincent était beau, et me sembla bon. Il occupait l'emploi de mousse à bord de *la Sainte-Anne* barque sardinière dont Seveno était le patron. Sur le rôle d'équipage, il avait nom Vincent tout court mais chacun savait bien qu'il était le quatrième fils du comte de Penilis, mort à Quiberon, et que les Français appelaient le colonel de Chédéglise.

Le quatrième et le dernier, il ne restait plus que lui pour souffrir de la ruine complète de sa famille.

Là-bas, je ne sais pourquoi les décadences sont si rapides et si vite acceptées. Je connais chez nous des centaines de gentilshommes en sabots. Il y a dans le caractère breton une résignation qui rehausse les chutes, mais les fait parfois irréparables au point de vue humain. Vincent était un mousse, et rien de plus. Il buvait mal, il fumait peu ; on n'avait guère l'espoir de le voir homme un jour venant. Il ne savait ni lire ni écrire pourtant, et c'était la seule chose dont on pût lui tenir compte.

Je mentirais si je vous disais que Vincent attira très-fortement mon attention. Seveno était de tout point beaucoup plus remarquable. Seveno avait des épaules d'Atlas, supportant une grosse tête celtique, couleur de bronze rouge. Ses cheveux coupés ras laissaient voir un crâne montueux, où toutes les bosses du docteur Gall mauvaises et bonnes, se développaient outre mesure. Sous deux touffes énormes de sourcils grisonnants, ses yeux rieurs clignotaient et raillaient. Il avait la plus belle figure à pipe qu'il m'ait été donné d'admirer ; figure à pipe dans l'honnête acception du mot s'entend, et qui ne ressemblait en rien aux têtes de butors ou de vautours qui peuplent les brouillards de nos cabarets civilisés.

Malgré la chaleur, Seveno boutonnait un épais *norouas* ou patetot de futaine anglaise sur sa chemise de toile brune. C'était la marque de sa position élevée. Il avait des boucles d'oreilles en or, une tabatière de corne, une blague en cuir et une boîte de chiqueur en laiton. Rien ne lui manquait.

Les trois autres convives, Jean-Pierre, Marec et Courtecuisse, équipage réglementaire de *la Sainte-Anne,* ressemblaient à tout le monde et n'étaient par conséquent pas des innocents. *La Sainte-Anne* avait pour armateur M. Bruant, dit Judas, ma partie adverse et l'un des plus riches négociants du Morbihan.

— Ça y est-il ?

— Dame oui : cric !

— Crac !

— Le feu chez Mikelic !

— La goutte chez la Tabac !... Comme quoi vous allez voir que le Judas pêcha tout de même le poisson d'or ! C'était du temps de la Terreur, comme l'on dit ; mauvaise affaire : notre paroisse de Riantec restait ouverte, mais il n'y avait plus de prêtres, ni à Lorient, ni à Port-Louis : les nobles s'en allaient de leurs châteaux et le reste. Vous pouvez bien vous souvenir de ça, vous autres, excepté le Vincent, qu'était trop jeune...

Vincent rougit et baissa les yeux.

— Quoique, reprit Seveno dont la voix s'adoucit pendant qu'il le regardait à la dérobée, l'enfant a mangé son pain blanc le premier, et qu'il doit se rappeler qu'il couchait dans de la fine toile, à l'époque, avec quinze domestiques au château, dix chevaux à l'écurie... Ecoutez donc ! Le colonel était not'maître, au bourg de Riantec, il aimait le bon Dieu et le roi ! il est mort pour eux, faut pas lui en vouloir. Non.

Il y avait donc que patron Bruant avait été domestique au château. On a dit et redit qu'il s'était fait mettre dehors pour avoir volé ; connais pas, mais pour en être bien capable, ça y est. Il venait à la pêche avec nous sur un ligneur de Loc-Malo ; je n'avais pas de pilotin, je le pris. Pas de chance !

Un soir, il paya à boire. — Es-tu malade ?

que je lui dis. — Je veux te demander un conseil, qu'il me répondit. — Nage !

Voilà donc qu'il me fait : — Matelot, nous sommes tous des citoyens égaux devant la loi, pas vrai ? Je répondis : — A preuve que tu n'es qu'un propre à rien et moi toujours solide au poste. Navigue !

— Matelot, étant tous égaux devant la loi, il n'y a plus aucun passe-droit de privilége ni autres.

— A preuve qu'il reste éternellement des commissaires plein le port et que c'est pas moi qui mange le turbot que je pêche. Allume !

— Matelot, c'est pour dire que ci-devant les gueux de Penilis avaient seuls la chose de pêcher le poisson d'or au Trou-Tonnerre, et que maintenant...

— Je te défends d'insolenter les Penilis, qu'est mes anciens maîtres. File ton câble.

— Et que maintenant, matelot, tout un chacun peut s'en donner l'agrément. Voilà !

Il est sûr, mes garçailles, que chacun savait ça d'autrefois. C'était peine perdue de couler son plomb au Trou-Tonnerre, si on n'était pas un Chédéglise. J'ai souvent ouï dire à not' papa, qu'était pilote lamaneur, qu'il en connaissait plus d'un pour avoir essayé. Mais la ligne filait toujours, toujours, quand même elle avait cent brasses de long, sans pouvoir toucher jamais le fond de la mer... A quoi que tu penses, Vincent, failli ? Charge ma tasse, bourre ma pipe et pare à écouter !

Bien du contraire, quand un Penilis voulait tenter l'aventure, il n'avait qu'à parer son hameçon avec ce qui n'est ni ver de vase, ni blanc de morgatte, ni cancre franc, et du premier coup le grand merlus avalait son fer. C'est connu, Guillaume de Penilis, le père du colonel, et ton aïeul, Vincent, sans cœur qui n'écoute pas, alla mouiller comme ça à l'ouest de Groix en l'an 65, au mois de juin, la nuit même qui suivit la bénédiction des couraux ; car il faut ça : les autres nuits, rien à faire ! Il venait de Paris, où il avait mangé ses fermes, ses moulins et ses châteaux ; c'était une moitié de Français, et ce fut lui le premier qui se laissa appeler M. de Chédéglise.

Il était seul dans sa barque, comme de juste ; ceux de Groix le virent au clair de la lune, depuis neuf heures du soir jusqu'aux environs de minuit, et ils l'entendirent aussi, car il chantait en vidant des bouteilles de vin moussseux qui avaient un goulot d'argent. Il avait l'air d'attendre quelqu'un ou quelque chose, et sa ligne restait enroulée sur son chevalet. Comme il y a un jour, il y a une heure. La *boîte* endiablée doit toucher l'hameçon au moment où le premier coup de minuit tinte au petit clocher de la chapelle de Lokeltas-en-l'Ile.

Ici Vincent demanda, et la mâle sonorité de sa voix me fit tressaillir :

— Patron Seveno, quelle est donc cette boîte où l'on ne peut piquer l'hameçon sans pêcher mortellement, et qui n'est ni cancre franc, ni ver de vase, ni blanc de morgatte ?

Je dois vous dire, mesdames, que le mot celtique *bott*, dont la langue anglaise a fait *bait*, est absolument technique sur les côtes de Bretagne, même dans les localités où l'on parle le français. Il désigne la matière, quelle qu'elle soit, qui sert d'appât pour prendre le poisson. Seveno vient de nous énumérer trois des principales *boîtes* en usage dans les couraux de Groix. Il faut y ajouter la chair du pelon et du mulet, les crevettes, le contenu de la moule, et surtout les abattis de sardines, qui constituent

4

la plus abondante et la meilleure de toutes les boîtes.

— Père Mikelic ! s'écria Seveno, un pot de dur, l'innocent a parlé !

Et les quatre matelots demandèrent en riant :
— Mousse, as-tu la fièvre ?

Il paraît que, d'ordinaire, ce beau Vincent n'était pas bavard.

— Les uns disent que c'est ceci, reprit le patron d'un ton grave, les autres cela ; mais tous s'accordent à convenir que la chose se prend au cimetière ou à l'église... et qu'elle coûte cher, l'enfant !... Car entre ceux qui ont pêché le poisson d'or il n'y en a pas un qui soit mort dans son lit... Et cric !

— Et crac !

— Où M. Guillaume avait pris sa boîte, ça ne nous regarde pas. Il en avait de la bonne, voilà qui est sûr. Quand le premier coup de minuit tinta à la chapelle de Lokeltas, on cessa de l'entendre chanter. Mais voilà le plus drôle : la barque, que le clair de lune montrait comme en plein jour, disparut tout à coup dans une brume si épaisse, qu'on l'aurait prise à poignée comme du blé noir. Au bout d'une demi-douzaine de minutes, juste le temps de parer la ligne et de la couler, un cri s'éleva au-dedans du brouillard, puis une lueur brilla comme qui dirait au travers d'une serpillière. C'était fait. L'instant d'après, on vit l'embarcation de M. Guillaume sortir de la brume et filer comme un goëland sous sa brigantine, sa flèche et ses deux focs ; car c'était un côtre qu'il avait. Le brouillard resta jusqu'au matin à la même place, haut et rond comme une tour. Avec sa pêche de cette nuit-là, M. Guillaume racheta ses moulins, ses fermes, ses futaies ; mais trois ans après, jour pour jour, heure pour heure, il fut tué à Rennes, en duel, sous un réverbère, par un diable déguisé en officier du roi.

Vincent leva la tête et demanda :

— Patron Seveno, quelqu'un de Groix ou d'ailleurs a-t-il vu le poisson d'or pêché par mon aïeul, M. Guillaume ?

— Bourrez ma pipe et taisez ton bec !... Comme quoi le Bruant n'était pas du pays, c'est vrai, puisqu'on n'a jamais su d'où il sort, mais ayant servi au château, il savait cette histoire-là et bien d'autres avec. Et vous allez comprendre : son idée de tenter le poisson d'or n'était pas si bête, à cause que, dans la république il n'y avait plus de priviléges. On avait fait rasibus de tout, excepté des commissaires.

Voilà donc qui est bon. Le vent soufflait d'aval à décorner les vaches. C'était marée. On entendait la barre d'Etel qui hurlait comme cent loups. Ce n'est pas que j'aimais beaucoup le Bruant: mais, étant son matelot et le voyant décidé à tenter la chose, je lui dis:

— Ta voile ne te servira de rien cette nuit; si tu veux, je te donnerai la main jusqu'à Groix, où je coucherai chez Kergren, au fort de l'Ouest.

— Pas de danger, me répondit-il en riant tout jaune. Ils ont béni les couraux cette après-dînée, et la mer n'est pas assez fond pour me noyer.

J'avais oublié de vous faire mention que c'était le soir de la fête. Malgré le malheur des temps, le curé de Riantec avait monté en barque et fait la cérémonie tout seul, pour obtenir du bon Dieu le pain du pauvre monde.

Ça m'étonna que le Judas ne voulait point de mon aide. Il était poltron comme un lièvre à la mer, quoique nageant mieux qu'un poisson. Mais ça me fit plaisir aussi, car un chrétien n'aime pas à se mêler peu ni beaucoup dans des affaires pareilles, et rien que de tirer sur l'aviron avec lui jusqu'au lieu de sa pêche damnée, ça devait être un péché pas mal lourd.

Va bien. On est curieux, pas vrai ? Je lui demandai s'il avait la boîte qu'il fallait, et il me répondit que le sacristain lui avait vendu pour un écu de six livres... dame ! c'était sous la république, et le monde se moquait pas mal du bon Dieu.

— Vendu quoi ? demanda Vincent ardemment, parce que Seveno s'était arrêté.

Le rude matelot eut une pâleur qui lui passa sur le visage. Il se signa maladroitement et murmura :

— Ça ne se dit pas, l'enfant. Au prochain gros temps, on pourrait s'en ressentir. Je vous ai promis de vous conter comment le Judas fit sa fortune, et voilà. Il avait la boîte qu'il fallait, et le sacristain s'était damné sans rémission pour un écu de six livres.

Dès huit heures du soir, le Bruant poussa au large, et il n'était que temps, vu le vent qui soufflait en tourmente, droit debout à sa route. Pour un failli matelot comme lui, quatre heures de godille, ce n'était pas de trop pour doubler les couraux. Si quelqu'un m'eût demandé mon avis, j'aurais dit : « Mon Bruant n'ira pas seulement jusqu'aux Errants qui sont à demi-lieue de Larmor. »

Il s'embarqua ici près, au milieu de la grève de Porpus, sur une plate appartenant au sous-brigadier de la douane. Il nagea d'abord tout le long de la côte pour profiter du remous et s'abriter contre le vent. Il mit une grande heure d'horloge à gagner la pointe. Je restais là à le regarder. Il ramait de son mieux, mais la fatigue le gagnait déjà, car je le voyais à chaque instant essuyer la sueur de son front avec sa manche. Neuf heures sonnant, je cessai de l'apercevoir, parce que la nuit tombait tout à fait. Il était en train de doubler les roches et n'avait pas fait le demi-quart de son chemin.

Je passai par Gavre, où je bus chopine pour me réchauffer le cœur, car j'avais le malaise en pensant à cet homme qui peut-être allait mourir en état de grand péché mortel, puis je regagnai ma case, sur l'autre grève, du côté de l'est. Il ne faut pas dix minutes pour traverser à pied la langue de terre, mais j'avais trouvé des amis à l'auberge, et Port-Louis sonnait dix heures quand j'arrivai à ma porte. Avant de rentrer, je regardai la mer pour deviner le temps du lendemain. Je m'attendais bien à ne pas voir une coque de noix sur l'eau entre Gavre et Quiberon; l'orage venait; la côte était blanche d'écume.

A quatre ou cinq cents pas au large, une embarcation allait avec le flot, menée par un seul homme. Du premier coup d'œil, j'aurais juré que je reconnaissais le bateau du sous-brigadier et mon Judas nageant comme un perdu.

Ce n'était pas sa route pourtant; il tournait le dos à Groix en grand et naviguait vers l'anse, entre le feu de Loc-Malo et le clocher de Plouhinec.

— Ho! du bateau! que je criai.

Point de réponse.

— Ho! hé! ho! Bruant! matelot!

Rien. La barque glissait comme un bois mort monté par un revenant, voilà qui est vrai.

Je pensai: Bruant est-il déjà au fond de la mer? Est-ce son *avènement* que je vois-là sous le vent?

Je récitai un bout de prière et j'allai au lit

tout triste, quoique le Judas n'en valait pas beaucoup la peine. C'était mon matelot.

Le lendemain, au petit jour, je m'éveillai et je crus faire un rêve. Il y avait quelqu'un qui soufflait le feu dans ma cheminée. J'avais encore mes idées de la veille et je demandai tout bas :

— Matelot Bruant, es-tu vivant ou mort ?

— Je suis mouillé, me répondit-il en ricanant avec effort, et je me sèche.

Je me mis sur le coude. Il était mouillé, en effet ; ses habits ruisselaient.

— Viens-tu du Trou-Tonnerre ?

— Avec la marée et le vent, oui.

— Ce n'était donc pas toi, hier, que j'ai vu le long de la côte, ici dedans ?

Il haussa les épaules, mais en tournant la tête, et je cessai d'apercevoir son visage.

— Et es-tu arrivé à temps au lieu de pêche, matelot?

— J'avais jeté mon grappin depuis cinq minutes, quand l'heure a sonné à la chapelle de Lokeltas, oui.

— Minuit?

— Minuit.

— Après ?... As-tu eu le merlus tout en or ?

Sa voix trembla un peu pendant qu'il répondait:

— Je l'ai eu.

— Montre! m'écriai-je sans croire, mais pris par la curiosité.

Il fit un pas vers la table et vida dessus un long sac de cuir où il y avait beaucoup de pièces jaunes.

Jamais je n'ai ouvert les yeux si grands de ma vie.

— Et tout ça est à toi ? que je fis.

— Je l'ai bien gagné !

— Tu l'as trouvé dans le merlus ?

— Dans le merlus, oui.

— Et c'est de la bonne argent de monnaie ?

— Regarde et touche !

Il versa dans ma main une poignée de louis de vingt-quatre francs avec la tête du roi Louis XV. C'est pour le coup que j'avais la berlue ! Je sautai à bas de mon lit. Il mit aussitôt le couteau à la main, car il me jugea d'après lui-même, et il crut que je voulais le voler. Mais je ne me fâchai pas, j'étais content pour lui.

— Et que vas-tu faire de ce trésor-là, matelot ?

— La commune de Port-Louis a mis les biens des émigrés en vente, me répondit-il, en serrant ses louis dans le sac de cuir.

— Tu vas les acheter ?

— Je vas acheter le château de Chédéglise et les terres de Keroulaz...

Mes garçailles, c'est beau à voir un tas d'or qui reluit au soleil. Le premier rayon du matin entrait par la fenêtre, et les louis brillaient comme si chacun d'eux eût été un petit jour. J'étais pire qu'un enfant. Je voulus savoir comme était fait le merlus du diable, et par quelle manigance on lui faisait rendre les louis d'or qu'il avait comme ça dans le ventre. Bruant ne voulait pas ; il disait que le poisson lui avait bien recommandé de ne pas bavarder, mais enfin il céda, et voici son récit... Qu'as-tu donc, toi, l'enfant ?

Vincent essuyait à pleines mains son front, d'où ruisselait la sueur.

— Rien ! répliqua-t-il d'une voix très-altérée, dites, patron Seveno ?... dites vite !

— Paraît que ça vous amuse, mes bijoux ? Je n'ai fait le cric crac que trois fois, preuve qu'on ne s'endort pas... Va bien... Il y a donc que le Bruant en avait mis pour six francs au bout de sa ligne après un hameçon à congre, premier numéro. Minuit sonnait encore que le merlus avait déjà mordu. Mais ce n'est pas le tout de crocher une bête de c'te qualité-là, faut l'amariner. Et c'est fort. Comme parlait Bruant, il croyait avoir un remorqueur au bout de sa ligne...c'est pas l'embarras, hé ! là-bas ! appuie ! tiens bon ! souque !... va-z-y voir ! le poisson l'emportait en grand, et si Bruant n'avait pas filé sa corde, il passait par-dessus le bord. Comme quoi ça aurait été le merlus, pour lors, qui aurait pêché le Judas. Faut bien rire un peu, mes neveux, plaît-il ? Mais tant y a que ce nom de nom de farceur de merlus avait tout de même trouvé son maître. Mon Bruant, après avoir joué avec lui pendant un gros quart d'heure, finit par le haler à bord... Ah! ah! ça vous tient de savoir comment qu'il était bâti de sa personne? Ouvre l'oreille partout! Il était gros comme un veau de quatre semaines; il avait une tête de grondin rouge avec deux cornes, quatre z-yeux, un corps de homard et une queue d'hirondelle... Aussi vrai comme la mer est salée! Et il parlait...

— Et il parlait! répéta d'une seule voix l'équipage de *la Sainte-Anne.*

— Comme père et mère. Qu'il dit donc au Judas d'une voix de bœuf: « T'es-t-un fin finaud de matelot, ma vieille! T'as deviné que les priviléges des ci-devant étaient à tout le monde, et tu les as pris pour toi tout seul; t'as mon estime. Découds-moi le ventre proprement, si c'est un effet de ta complaisance, et, comme de juste, tu y trouveras ta fortune. »

Voilà donc qui est bon ! Mon Bruant ne se le fit pas dire deux fois. Ces tonnerres de merlus, ça a au milieu du ventre une couture à surjet, rabattue avec du fil à voile, qu'un point ne dépasse pas l'autre, et tapée à la papa ! Mon Bruant prit son eustache et coupa mignonnement le fil sans faire crier la bête. Va bien. Au lieu de boyaux, le merlus rendit un sac de cuir contenant douze mille francs en pièces de vingt-quatre livres. Après quoi il fit une culbute par-dessus le bord et s'en retourna chez lui. Excusez.

Seveno fit une pause pour boire d'un seul trait sa chopine. Il y avait silence. Seul, Vincent grommela :

— Douze mille francs !

En présence de ce récit qui touchait de si près aux infortunes de sa race, ne songeait-il donc qu'à l'argent ce fier et beau jeune homme dont le front pensif attirait de plus en mon intérêt ?

Il se leva, et je vis que son pas chancelait. Il était le seul pourtant qui eût laissé son écuelle pleine.

— Où vas-tu, l'enfant ? lui demanda Seveno avec un singulier mélange de tendresse et de pitié.

— Ma tête brûle, répliqua l'innocent.

— Alors fais un tour, mon canard, et tâche de voir sur la grève si j'y suis.

Seveno secoua la tête en le regardant s'éloigner.

— Un joli brin de mâle pourtant ! pensa-t-il tout haut. Mais on dirait que ça ne lui fait rien d'être le fils de son père. Je le guette quand il regarde le Judas... Le sang ne vient jamais à ses yeux.

— Le Bruant a agi comme bien d'autres, dit

Courtecuisse; quoi donc! il a acheté du bien national sous la République...

— Coupe ta langue, toi... Un pot de dur, Mikelic! N'empêche que si l'enfant était resté là, je n'aurais pas pu tout dire, car il y a du sang là dedans. Ces Chédéglise étaient des cœurs de lion. Si le dernier d'entre eux dort, ce n'est pas à moi de l'éveiller...

Autour de la table, il y eut à ces mots un mouvement. Les matelots de *la Sainte-Anne* se rapprochèrent du patron, qui avait perdu son air gouailleur et qui était tout pâle.

Il y avait longtemps que mon brouet était achevé. J'écoutais depuis plus d'une heure, et je ne songeais point à me retirer.

— Comme quoi, reprit le vieux Seveno, le nom de Judas ne lui est tout de même pas venu pour des prunes. Vous vous souvenez bien que, la veille au soir, avant de rentrer chez moi, j'avais signalé, de l'autre côté de Gavre, une barque qui ressemblait au bateau du sous-brigadier de la douane? Il n'y a rien de changé, depuis le temps, voyez-vous, mes garçailles, malgré la révolution ; ce qui était est encore, comme dit cet autre. Le poisson d'or ne peut mordre qu'à l'hameçon d'un Penilis. Voilà le vrai.

Le Bruant, quand même il eût valu deux fois ce qu'il valait, n'aurait pu gagner cette nuit-là contre le vent et la mer. Il y a loin des roches de Gavre à la pointe ouest de Groix.

Et d'un. Alors, d'où lui venait le sac de cuir avec les douze mille francs en louis d'or?

La barque que j'avais cru reconnaître pour le bateau du sous-brigadier avait le cap sur les grèves, entre le feu de Loc-Melo et la tour de Plouhinec. C'est là qu'est le château de Penilis.

Était-ce bien le bateau du sous-brigadier, et

Bruant était-il dans le bateau ? Il faisait tro[p] noir pour bien voir ; ne pourrais pas en lever [la] main devant des juges. Mais voici ce qui se pass[a] cette nuit-là entre la tour de Plouhinec et le fe[u] de Loc-Malo :

Tous les Penilis étaient déjà en émigratio[n] sauf le fils aîné, M. Jean, qui s'était laissé em[-]bobiner un petit peu par les papiers de Pari[s.] Il croyait à la révolution. M. Jean était bo[n,] généreux et brave comme ceux de sa race ; [à] l'époque où Bruant fut soupçonné et chassé, c'[é]tait M. Jean qui l'avait empêché d'aller en pr[i]son. Bruant venait bien souvent lui demand[er] l'aumône, et bien souvent aussi Bruant disa[it] qu'il se ferait couper par morceaux pour M. Jea[n] vicomte de Penilis.

Or, ce n'était pas l'amitié des nobles que l[es] commissaires de la République souhaitaien[t ;] ils voulaient leurs biens, et puis c'est tout. M[

Jean, malgré qu'il était membre du club de Port-Louis, fut mis hors la loi, comme on disait, sous prétexte qu'il entretenait des relations avec son père et ses frères. Il fit argent de tout ce qu'il put et se décida enfin à sauver sa peau. Il n'était que temps.

Ses mesures étaient prises. Cette nuit dont nous parlons, une goëlette anglaise l'attendait au vent de Groix. Il dut s'adresser à quelqu'un pour qu'on le mit à bord. A qui s'adressa-t-il? Je ne peux pas dire que ce fut à Bruant, puisque je n'en sais rien, mais Bruant avait sa confiance.

Ce que je peux dire, c'est que Bruant devint riche cette nuit-là et que cette nuit-là M. Jean fut assassiné par l'homme à qui il avait donné sa confiance. Ça, c'est la vérité.

On trouva, le lendemain matin, son corps sur

le sable, entre Loc-Malo et la tour de Plouhinec. Il avait une grande plaie au bas de la poitrine et l'épaule droite écrasée d'un coup d'aviron.

— Et la justice?... demanda un des matelots.

Le patron haussa les épaules.

— La justice avait le bonnet rouge répliqua-t-il : ce n'était qu'un ci-devant de moins. On mit les terres de Penilis en vente, et Bruant les acheta pour un morceau de pain.

— Mais depuis ?

— Depuis ?... Quand *depuis* arriva, le citoyen Bruant était archimillionnaire. Cric !

— Crac !

— Le feu chez Mikelic !

— La goutte chez la Tabac ! A la niche, caniches!... On embarque demain à trois heures... bon temps, bonne brise ; je nous souhaite cinquante mille de sardines et premiers au quai de Larmor. Eh ho !

Ils se levèrent tous et quittèrent l'auberge. Je fis comme eux, après avoir repris mes vêtements.

Je n'en avais pas fini pourtant avec cette étrange histoire. Comme je cheminais vers le passage de Loc-Malo pour rentrer à Port-Louis, j'aperçus deux ombres qui marchaient lentement côte à côte. Je reconnus d'un coup d'œil la taille élancée du mousse et la carrure du patron.

Vincent et Seveno causaient. Le sable étouffait le bruit de mes pas. Je pus les approcher d'assez près pour entendre ce lambeau de leur conversation :

— L'enfant, disait le patron doucement, tu n'as plus Madame ta mère à soutenir, et tu es trop jeune pour aimer l'argent pour l'argent.

— Il me faut douze mille francs, répondit le mousse d'un ton ferme.

— Crois-tu donc à cette bête d'histoire du poisson d'or?

— J'y crois.

Seveno s'arrêta.

— Monsieur Vincent, dit-il tout à coup avec une gravité qui me frappa vivement, vous êtes le fils de mes maîtres. Ce qui est mort peut ressusciter. Si vous me dites : Je veux, j'obéirai.

— Je veux, prononça résolûment le jeune homme, je veux savoir au juste quelle boîte ceux qui tentèrent cette pêche accrochèrent à leur hameçon.

Le patron répondit, après une courte hésitation :

— Je l'ai ouï dire par plus de cent, et toujours de la même manière. On a le choix entre deux boîtes dont l'emploi est pareillement un péché mortel.

— La première? fit Vincent avec impatience.

— La première est un morceau de la Sainte Hostie.

Vincent recula de plusieurs pas et prononça d'une voix pleine d'horreur :

— Jamais ! ah ! jamais !

Puis il demanda :

— Et la seconde !

— La seconde est un lambeau de la chair d'un chrétien...

Vincent resta immobile et muet.

— Voulez-vous toujours? demanda Seveno après un silence.

Vincent ne répondit pas tout suite, et je le vis essuyer la sueur de son front. Mais tout à coup il redressa d'un mouvement plein d'orgueil la richesse déjà virile de sa taille.

— Je suis un Penilis, dit-il, j'ai droit. Minuit sonnant, je serai au Trou-Tonnerre, le poisson damné aura la boîte qu'il lui faut, et je jure que je ne commettrai pas un sacrilége!

Il s'éloigna à grands pas.

— Veux-tu de moi pour nager, cette nuit, l'enfant? lui cria de loin Seveno.

— Mon grand-père n'eut besoin de personne répliqua le mousse, dont la silhouette se perdait dans le noir.

Les nuits de Port-Louis sont désertes de bonne heure. Les gens de Port-Louis qui rendent des visites le soir reviennent avec des falots ou lanternes à main, comme on faisait à Paris sous Louis le Débonnaire. En traversant la ville pour gagner les quais, je passai sous les fenêtres de mon pauvre client, M. Keroulaz, il y avait encore chez lui une croisée qui brillait. De l'autre côté de la rue, dans l'embrasure d'une porte, une ombre immobile se dressait. J'allais passer, sans remarquer autrement cette ombre, lorsqu'une lanterne, précédant pompeusement deux vieilles joueuses de boston ou de reversi, éclaira l'enfoncement de la porte.

Je reconnus le beau visage de Vincent, qui avait les yeux pleins de larmes.

Si peu que ce soit, chacun a en soi son petit grain de poésie. Le roman ici prenait corps et me sautait aux yeux.

C'était douze mille francs, en effet, que l'enfant superstitieux et hardi allait chercher au Trou-Tonnerre; c'était aussi douze mille francs que M. Bruant réclamait à son client, M. Keroulaz.

Et là-haut, à cette croisée qui brillait, le modeste rideau de percale me laissa deviner une pieuse silhouette de jeune fille agenouillée.

III

M. le comte de Corbière demanda cinq minutes pour souffler. La marquise se montrait très-sobre de ces permissions, son opinion étant que, dans un récit, les points sont un luxe et les virgules une prodigalité condamnable; néanmoins, comme Son Excellence fit observer que la Cour, au temps où il plaidait, et la Chambre, depuis qu'il gouvernait, l'avaient habitué à ces cinq minutes de grâce, Mme la marquise crut devoir céder.

Dans le salon, des conversations murmurantes s'établirent aussitôt. L'intérêt avait peut-être tardé à venir; mais il était venu, plus vif que si le récit eût été combiné selon l'art du romancier. Sous le conte à dormir debout, comme l'avait titré son auteur lui-même, on voyait poindre l'action réelle et d'autant plus dramatique qu'elle était la vérité vraie. La présence de M™° la comtesse douairière de Chédéglise était ici comme un vivant contrôle et comme un gage d'authenticité irrécusable.

Ceux qui ne savaient pas profitèrent de cet instant de vacance pour demander à ceux qui savaient l'explication de certains termes maritimes ou populaires un peu trop abondants dans la bouche de Seveno. Quelqu'un donna les origines matelotesque du fameux cric crac. A bord, pendant les nuits de calme, le conteur du gaillard d'avant est spécialement chargé d'éloigner le sommeil qui rôde autour de la bordée. Quand il voit faiblir une ou plusieurs paupières, il lance l'interjection : Cric ! tout le monde,

sans exception, doit aussitôt répondre : Crac !
Ce serait trop peu ; à la rigueur, on peut prononcer en dormant ces monosyllades ; aussi la formule a-t-elle deux autres rimes qui varient et dont la richesse est généralement médiocre.

Combien serait utile une pareille mécanique à certains professeurs en Sorbonne, ainsi qu'à certains orateurs parlementaires !

La belle duchesse, toujours pressée de savoir, s'était emparée de la douairière de Chédéglise.

— Dites-moi bien vite, chère comtesse, supplia-t-elle, si feu M. le comte s'appelait Vincent de son petit nom ?

La comtesse souriait déjà pour répondre, lorsque la redoutable marquise, fantôme de la loi, se dressa entre deux et rendit cet arrêt :

— Ma nièce, n'anticipez pas ! vous tuez ainsi l'intérêt dans son germe.

— Mesdames, reprenait en ce moment M. de

Corbière, voici que tout est dit, à peu de chose près, sur mon voyage de Lorient. Dès le lendemain, je m'enfermai dans ma chambre, à l'hôtel de France, pour étudier sérieusement l'affaire. Je suivis aussi les audiences du tribunal, afin de prendre langue auprès de mes confrères du barreau de Lorient. Ces deux épreuves furent pour moi également défavorables à mes pauvres clients. Le dossier de M. Keroulaz, tourné et retourné en tous sens, ne contenait aucune pièce probante, tandis que sa correspondance, imprudente comme la bonne foi, fournissait des armes légales à son adversaire, déjà trop fort. L'opinion du barreau me parut toute faite et celle des juges mieux arrêtée encore. On me regardait presque en pitié : M. Bruant tenait le pays par tous les bouts ; il était à la fois le plus riche commerçant et le plus opulent propriétaire du département.

Je me souviens d'un rude accent bas breton qui me mit un soir cette gracieuseté dans l'oreille :

— Foi de Dieu ! confrère, pour venir plaider de pareilles loques jusque chez nous, il faut que le pain blanc soit rare chez vos boulangers de Rennes !

Je n'étais pas trop bien vu à l'hôtel, où M. Bruant dépensait bien, bon an, mal an, deux petits écus de trois livres. Mais notez qu'aux puissants on tient compte de tout, même de leur ladrerie. Si ce colossal Bruant avait voulu, le maître de l'hôtel de France aurait mis son buste sur la cheminée de la salle à manger. Les garçons et les servantes m'appelaient « le petit avocat râpé qui vient se frotter à M. Bruant. »

Je ne peux pas vous dire, moi, mesdames, comme ce nom de Bruant sonnait à Lorient et à Port-Louis. Dès que quelqu'un le prononçait tout bas, on l'eût entendu d'une ville à l'autre, par-dessus la rade. On ne l'aimait pas, certes, bien au contraire, mais on l'admirait, ce qui vaut mieux, et surtout on le redoutait. Le culte dont l'opinion publique l'entourait se traduisait par cette phrase, assurément significative : « Il est capable de tout ! »

Il y avait un bon vieux juge du tribunal qui portait la main à sa toque en parlant de lui.

Dans les rues, on commençait à me connaître. Les pauvres ne me demandaient pas l'aumône. La marchande de tabac servait tout le monde avant moi.

Ma seule consolation était de traverser la rade parfois et d'aller m'asseoir une heure entre M. Keroulaz et sa fille. Quand j'aborde ce souvenir, il me semble que je vais me répandre en détails honnêtes, gracieux et charmants. Mon cœur est plein ; mais, à mieux regarder, ces humbles reliques sont d'attache et ne se peuvent point exhiber au dehors. Ce qui emplit mon cœur y reste. Je ne saurais comment déchiffrer tout haut cette chère page de ma conscience.

Non, madame et bonne amie, ce n'est pas ici votre présence qui me gêne. J'ai pris mon parti de tout dire, et d'ailleurs qu'y a-t-il à cacher ? Mais il faut l'ombre pour repousser la lumière, et il n'y avait point d'ombre dans l'admirable placidité de cet intérieur. A ce foyer, je me sentais plus chrétien et meilleur. C'était un saint, ce fier et doux vieillard ; il avait pitié de son ennemi victorieux et plaçait chaque soir le nom de Bruant dans sa prière.

Dans cette maison, j'interrogeais peu, et il eût fallu positivement interroger pour savoir. Mon aventure au cabaret Mikelic avait fait naître en moi de nombreux et graves soupçons ; je craignais de les voir confirmés, tant je me sentais au-dessous de mon rôle de vengeur.

Je ne suis pas encore entré dans les détails du procès Keroulaz. Il y avait là aussi des présomptions très-vagues, mais décidément lugubres. Je dois avouer que, dès lors, Bruant était pour moi un malfaiteur de la pire espèce et que mes yeux voyaient du sang à ses mains. Mais j'étais en quelque sorte complice de la lâcheté générale qui me paralysait. Je ne pense pas que j'eusse dès ce temps le moyen de soulever le voile ; en tous cas, je ne l'essayai point.

J'éprouvais à la fois de la frayeur et du dégoût. L'idée que cet homme avait demandé la main de Jeanne me faisait frissonner. Je ne l'avais jamais vu. Au demeurant, je ne savais de lui que son âge, sa richesse et son avarice. Les gens de Lorient, qui le connaissaient bien mieux que moi, ne voulaient point croire à ce roman de la demande en mariage. Ils disaient que M. Keroulaz se vantait. Etant donnés le caractère de M. Bruant, l'époque et le courant d'idées qui menait alors le monde, il est bien sûr que les gens de Lorient avaient la vraisemblance en leur faveur:

Il y eut un point cependant sur lequel je pris des informations discrètes mais précises. Vous vous souvenez de mon grand beau mousse contemplant cette lueur qui brillait au troisième étage, chez mon client? Je voulus savoir au vrai quelles relations existaient entre Vincent et Jeanne. Voici ce que j'appris : Keroulaz et Penilis étaient cousins, mais Jeanne ne connaissait pas Vincent.

J'ai dit que j'étais un esprit positif. La nature de mes études et mon précoce acharnement au travail de cabinet m'avaient éloigné de plus en plus du pays des rêves. Dussé-je me perdre auprès de vous, mesdames, je puis affirmer que je n'ai pas eu de jeunesse. Huit jours me séparaient déjà de cette étrange journée, unique dans ma vie, où six heures durant j'avais laissé mon imagination galoper la bride sur le cou. J'avais désormais défiance de moi-même au sujet de l'impression qui me restait de cette journée. Qu'était-ce, en somme? Un sommeil de ma raison, bercé par une absurde légende.

L'impression subsistait pourtant, au point qu'à certaines heures de faiblesse j'entrevoyais un dénoûment fantastique aux cruelles réalités qui m'entouraient.

Espérais-je que Vincent, mystérieux chevalier de ma belle opprimée, avait pêché le Saint-Graal au Trou-Tonnerre ! la *boîte* mystique et qui, selon Vincent, ne devait pas être sacrilége avait-elle tenté encore une fois le poisson d'or? Je n'espérais pas cela, puisque je ne cherchais nullement à savoir ce qui était advenu de la téméraire tentative du dernier des Penilis.

Qu'attendais-je donc ? En vérité, je ne saurais le dire au juste, mais j'éprouvai un désappointement profond la veille du jour où l'affaire Keroulaz devait venir à l'audience. Je vis à bord d'une chaloupe de pêche qui était à quai mon Seveno aux larges épaules et son équipage. Il fumait sa pipe magistralement à l'arrière; tandis que les quatre matelots comptaient des cents de sardines dans les paniers, Vincent, rose comme une cerise, les jambes nues et les cheveux hérissés, passait et repassait la planche d'abordage, une corbeille dans chaque main. Il chantait je ne sais quoi de monotone et de lent, comme un bon gars dont les aïeux sont morts, partout ailleurs qu'à la croisade.

Évidemment, mon Vincent n'avait pas *croché* le damné merlus du Trou-Tonnerre.

Le lendemain, M. Keroulaz, sur ma plaidoirie, perdit son procès avec dépens devant le tribunal civil de Lorient. Les juges me donnèrent à entendre que le choix d'une semblable cause ne témoignait pas en faveur de ma moralité, ce qui fit sourire mes confrères. Comme je revenais à l'hôtel, les polissons me chantèrent pouille et mes convives de la table d'hôte me demandèrent si je ne retournais pas bientôt à Rennes.

Quand je pris congé des Keroulaz, Jeanne me dit :

— Cela coûte-t-il bien cher pour aller devant la cour d'appel ?

— Trop cher, répondis-je.

Elle ajouta :

— Mon grand-père en mourra... et pourtant je ne peux pas être la femme de M. Bruant !

Le grand-père m'apprit que, ce jour-là même, M. Bruant avait renouvelé sa demande en mariage.

Comme je montais en dilligence, on me mit dans la main un petit panier recouvert de paille. Il faisait nuit déjà et j'étais préoccupé : je repoussai l'objet, disant :

— Cela n'est pas à moi.

— Excusez, monsieur l'avocat, répartit une voix qui me fit tressaillir. Je ne sais pas écrire, sans ça j'aurais mis votre nom dessus.

Je levai les yeux. C'était Vincent, la joue rouge et le regard baissé. Il me vit hésiter et dit encore la larme à l'œil :

— Je vous prie bien de ne pas me refuser, monsieur Corbière. Allez ! c'est de bon cœur !

La voiture s'ébranlait, je n'eus que le temps

d'y prendre ma place et je gardai le panier. Vincent me remercia d'un geste qui me remua le cœur; les polissons rassemblés ayant voulu saluer mon départ d'une dernière huée, Vincent ferma les poings et les dispersa comme une volée de moineaux. J'avais un ami, à tout le moins, parmi cette population hostile. Le panier de Vincent contenait deux superbes homards que maman Corbière trouva frais comme des roses.

A peine étais-je de retour à Rennes, que le courant de mes occupations me reprit. Il me semblait que je perçais ; je plaidais fort souvent, et l'on commençait à compter avec moi au Palais, mais les résultats matériels venaient avec une extrême lenteur. On eût dit que les bonnes causes me fuyaient, et j'étais décidément l'avocat des désespérés. Ce travail qui fait passer sous les yeux de l'homme de loi tant d'intérêts divers, tant de faits bizarres ou dramatiques, tant de subtilités, tant de complications de toute sorte, est absorbant au dernier point, et si un clou ne chassait pas l'autre, ce serait à devenir fou. Je cite donc, comme un fait à part, l'obstination de ma pensée à revenir sans cesse vers le procès Keroulaz.

Dès que ma tâche de galérien me donnait un instant de répit, je cherchais les moyens de confondre ce coquin de Bruant, je m'efforçais, je me creusais la tête, je plaidais à vide, comme don Quichotte combattait des fantômes. Ma femme et ma mère furent d'abord jalouses de cette idée fixe qui ressemblait si bien à une passion, puis, auprès d'elles, du moins, je gagnai ma cause et je conquis, en elles, des alliées. Aux repas, je leur expliquais l'affaire Keroulaz minutieusement, surabondamment, non point telle que je l'avais plaidée devant des juges malveillants et prévenus, mais comme je la façonnais en moi-même, comme je l'éclairais de rayons factices, comme je l'entourais de mes propres inductions. Ainsi faite, la cause de mon vieux ci-devant et de sa petite-fille était simple comme le bon sens et plus claire que le jour. Les deux chères, les deux excellentes créatures qui ont été mes anges gardiens dans ma lutte si longtemps stérile, parlèrent bientôt de faire une bourse pour subvenir aux frais d'un appel.

Mais je ne sais, mesdames, pourquoi j'ai tant tardé à vous instruire, car, de ce fameux procès Keroulaz, vous ne connaissez que deux faits : la vente par le citoyen Bruant d'une presse à sardines située à Gavre, et l'action en revendication intentée par le même contre son acheteur insolvable. A cette action, l'acheteur répondait par son affirmation d'avoir payé le prix de vente intégralement, avec les intérêts et frais. Le vendeur répliquait : « Fournissez votre quittance. »

Il n'y avait pas autre chose que cela dans l'affaire portée devant le tribunal de Lorient, mais, Dieu merci, ma cause à moi, la cause que je plaidais et que je gagnais matin et soir par-devant les deux dames Corbière, ne ressemblait point à cette plate exposition. En manière de préface, je faisais d'abord la biographie de Bruant, dit Judas, ancien domestique des Penilis, puis matelot, puis millionnaire. La prétendue pêche du poisson d'or, source de sa fortune, était touchée ici de main maître, et je montrais sa barque, cette nuit-là, glissant sournoisement, non point vers le Trou-Tonnerre, mais vers la grève où fut trouvé le corps d'un homme assassiné.

Le voilà riche tout d'un coup et achetant d'abord, pour la vingtième partie de leur valeur, les biens de ses anciens patrons, puis d'autres biens, car le mauvais domestique et le mauvais matelot s'est révélé usurier de première force. Il manœuvre ses capitaux avec une terrible habileté, il acquiert de toute main, des châteaux, des terres, des navires, des établissements industriels, et il revend à son loisir avec des bénéfices extravagants. Ainsi, dans notre espèce, la presse cédée aux Keroulaz pour une somme de douze mille francs, avait été achetée, deux ans auparavant, au prix de cinq cents écus !

Je dis aux Keroulaz, car ils étaient deux Keroulaz dans ce temps-là, le père et le fils : le ci-devant marquis et le ci-devant comte, mieux connu sous le nom de M. Yves, et père de notre Jeanne.

Quelqu'un ici a dû se demander, tout comme nos juges au tribunal de Lorient, pourquoi M.

Keroulaz ne pouvait fournir quittance, si vraiment il avait soldé le prix de sa presse. M. Keroulaz avait soldé le prix de sa presse, mais il n'avait jamais eu de quittance.

Le 16 octobre 1802, terme fixé pour le payement, M. Bruant vint à la presse de sa personne en homme ponctuel qu'il était, et réclama son dû. Il manquait à M. Keroulaz, qui avait rassemblé toutes ses ressources quelques centaines de francs pour parfaire la somme, et M. Yves devait le soir même, rapporter cet appoint de Vannes. Bruant accorda jusqu'au lendemain, parce que Jeanne brodait auprès du bureau de son aïeul. Jeanne avait alors seize ans, et, M. Bruant lui caressa le menton paternellement, disant qu'elle était « bien mignonnette. » Le lendemain, M. Yves revint de Vannes avec l'argent. Il prit à peine le temps de déjeûner et se rendit au château de Penilis, où le Judas faisait sa demeure. M. Bruant était absent ; M. Yves attendit son retour jusqu'au soir, et ne sortit de chez lui que fort tard. Depuis lors, son père et sa fille ne le revirent jamais.

Pendant cette soirée et la nuit qui suivit, il y eut grande tempête. On supposa que M. Yves avait pu se perdre en traversant la rade.

M. Bruant déposa lui-même devant le commissaire de police de Port-Louis que, le dernier bateau de passage étant parti, M. Yves lui avait emprunté son canot de plaisance pour regagner Lorient. Ce canot était une baleinière de Dunkerque, qu'un seul homme pouvait aisément manœuvrer.

La baleinière était perdue.

Je dois faire observer que, de la plage de Sainte-Catherine, où la baleinière de M. Bruant était amarrée, jusqu'à Lorient, on ne compte pas plus d'une demi-lieue par mer, mais que, par terre, il faut remonter le Blavet pour trouver le pont d'Hennebon, ce qui donne un voyage de plus de cinq lieues. M. Yves, bon marin qu'il était, avait donc intérêt à risquer le passage en bateau, malgré le gros temps et l'heure avancée.

La baleinière de M. Bruant fut retrouvée plusieurs jours après, dans les roches du Trou-Tonnerre, à la pointe ouest de Groix. C'est là, directement, que porte le courant du jusant, à la sortie de la rade. La baleinière avait touché; elle était presque désemparée. Il fut constaté qu'elle ne contenait point d'avirons et que son bordage manquait de tolets.

Les tolets sont les chevilles qui servent de point d'appui à la rame.

Il y eut des gens pour dire que, si la baleinière avait eu ses agrès, M. Yves aurait dormi tranquillement dans son lit une heure après avoir quitté Sainte-Catherine ; mais le matelot qui avait la garde de la baleinière affirma sous serment qu'il y avait laissé, le soir même, trois avirons, dont un de godille et quatre bons tolets de fer.

Cet homme eut, peu de jours après, une place lucrative dans le chantier de M. Bruant, à Nantes où il mourut à la fin de l'année.

Dernier détail : le préposé de garde au Kernevel et celui de Larmor déclarèrent avoir vu passer dans le chenal un objet blanc. Il ventait de l'ouest à décoiffer l'église de Port-Louis, et cependant l'un et l'autre avouèrent qu'ils avaient cru entendre des cris de détresse. Mais il faut autre chose qu'un doute pour troubler le placide sommeil d'un préposé de la douane dormant debout dans sa guérite.

La baleinière de M. Bruant était peinte en blanc.

Il n'en fut que cela quant à l'enquête judiciaire. M. Keroulaz fit sonder tout le long de la côte ouest de Groix et fouiller tous les rochers, mais le corps de son fils ne se retrouva point

Le temps passa. La pauvre maison Keroulaz fut pendant plusieurs mois tout entière à son deuil. Bien que le grand-père n'eût rien en lui des qualités d'un homme d'affaires, au bout de l'an, son bon sens le porta à réclamer un double de la quittance perdue. Bruant ne dit ni oui ni non. Il parla du malheureux événement, et répéta sur tous les tons cette phrase, si terrible dans la bouche des trafiquants : *Nous nous entendrons toujours bien.* Du reste, il ne demandait point d'argent, ce qui, chez un usurier de sa force, était une bien formelle reconnaissance du payement effectué. Il venait de temps en temps visiter la presse, qui marchait comme il faut ; il était aimable autant que faire se pouvait. Un jour, il apporta dans sa poche un vieux bout de masse-pain pour la levrette de Jeanne. Les trancheuses de sardines pronostiquèrent qu'il allait mourir.

Jeanne, depuis la perte de M. Yves, tenait les écritures de la petite usine.

Les trancheuses se trompaient, M. Bruant n'était pas en danger de mort : il avait son idée. Il vint s'asseoir tout contre le bureau de Jeanne et lui offrit un cornet de pastilles de chocolat qu'il avait eues à bon compte, pour cause d'avarie. Jeanne avait instinctivement horreur de cet homme. Elle ne répondit point comme il le souhaitait, quand il lui demanda si elle ne serait pas bien contente d'épouser l'homme le plus riche de Port-Louis. Cela méritait réflexion ; Jeanne n'en fit point : Jeanne refusa du même élan son bonheur et le cornet de pastilles avariées. M. Bruant s'en alla furieux. Pour la première fois, depuis la catastrophe, il dit au grand-père, qu'il rencontra sur son chemin :

— Quand donc parlerons-nous de nos affaires, M. Keroulaz ?

Le vieillard saisit la balle au bond et réclama sa quittance. Le Judas répondit :

— A merveille! nous nous entendrons toujours bien. Demain je vous enverrai quelqu'un à qui causer.

Il tint parole. Un homme de loi vint le lendemain, qui déclara nettement au grand-père qu'il fallait payer ou déguerpir.

On était encore sous l'empire de cette législation confuse où le droit romain, l'ancien droit français et la coutume de Bretagne s'amalgamaient pour former un monstrueux amas de contradictions. Le Code Napoléon est loin d'atteindre la perfection, mais quand je me reporte aux barbares procédures que j'ai suivies, dans ma jeunesse, devant cette Cour de Rennes qui est une des plus illustres du royaume, j'en ai encore le frisson. Le Code de procédure civile ne fut rendu obligatoire qu'en 1808, et nous avions, à l'époque où le procès s'engagea, des procureurs de la vieille roche, capables de noyer sous le flot de leur encre la lumière même du soleil. De la première citation au jugement, la contestation la plus simple pouvait vivre une couple d'années. Quand j'arrivai au procès, il durait depuis vingt mois, et il y avait un an que M. Keroulaz avait été dépossédé de son usine par provision.

Après la perte du procès, M. Keroulaz et Jeanne travaillèrent tout uniment de leurs mains ; le grand-père corda des lignes de crin, la petite-fille montait des bonnets. Ils m'écrivaient souvent ; nous pleurions en lisant leurs lettres : ils disaient, cependant, qu'ils étaient heureux.

Quant à M. Bruant, il continuait de jouir de la publique vénération, à cela près qu'on l'appelait tout bas le Judas à tous les étages de toutes les maisons, et que chacun, du haut en bas de l'échelle sociale, le regardait comme un effronté scélérat dans son for intérieur.

En ce monde étrange où nous sommes, les choses vont ainsi parfois jusqu'au bout. Je pourrais citer des coquins connus, avérés, des marauds célèbres qui ont poussé la plaisanterie jusqu'à mourir entourés d'hommages.

Les gens d'esprit de Lorient disaient :

— Si cette petite Keroulaz n'était pas une sotte, elle vous le prendrait pour mari, et puis gare dessous!

A Lorient et ailleurs j'ai admiré, en effet, des demoiselles qui eussent été de cruelles vengeances. Mais Jeanne n'était qu'une sotte, à ce qu'il paraît. Figurez-vous que, pendant et après le procès, le Bruant ne laissa pas passer une semaine sans renouveler sa demande, directement ou non. Il avait son idée fixe. Le procès n'était qu'une galanterie à rebours. Il s'était dit : « Je réduirai la place par la famine. »

Un soir d'été, un an après mon excursion morbihannaise, je reçus deux lettres à la fois, toutes deux de Port-Louis. Mes bons amis Keroulaz ne me laissaient jamais bien longtemps sans nouvelles, mais aucune des deux adresses ne portait la mignonne écriture de Jeanne. J'ouvris la première, dont voici textuellement le contenu, sauf orthographe :

« *A M. Corbière, de Rennes, en propre,*
à lui-même.

« Mon cher monsieur, quoique n'ayant pas l'avantage d'être connu réciproquement, vous recevrez par le roulage Morel et Cie, rue Nantaise, une caisse contenant quarante bouteilles de vin d'Espagne ; désirant lier amitié avec une personne dont les bons renseignements le méritent, à cause de mes acquisitions de terrain dans l'Ille-et-Vilaine, sachant qu'outre l'avocat vous faites aussi la régie des biens et propriétés foncières moyennant le tant pour cent, auquel nous nous entendrons toujours à l'amiable, d'un commun accord, si vous voulez vous charger de cette affaire avantageuse. Réponse, s'il vous plaît, et que vous avez bien reçu le vin.

« Votre serviteur, etc.

« *Signé* : J. B. Bruant. »

« *Post-Scriptum*. Il y a contre moi plusieurs clabaudages des calomniateurs, mais j'ai tous mes titres en règle, ayant suivi constamment le sentier de l'honneur avec probité. »

Cette lettre m'étonna médiocrement. Pendant mon séjour à Lorient, je n'avais jamais rencontré M. Bruant ; je ne le connaissais même pas de vue, mais je le savais par cœur. Du haut de leurs millions ces gens ont peur très-souvent ; leur conscience est comme un enfant dans les ténèbres, elle frissonne au moindre bruit.

Le récit du patron Seveno m'avait donné dès l'abord la clef du caractère de M. Bruant. Mon enquête sourde et patiente, qui marchait depuis un an, confirmait de tout point mon impression première : M. Bruant était un coquin admirablement doué pour réussir en un milieu ignorant, à une époque troublée : il était effronté, mais prudent ; il était astucieux, mais naïf. Je n'aimerais pas vous voir sourire, mesdames, quand je vous dirai que sa fable du poisson d'or au ventre cousu et décousu était imaginée fort heureusement, et prouvait un tact peu ordinaire. Cela devait réussir, et sous l'incrédulité même de Seveno il restait un doute.

Je parle ici au point de vue populaire. Devant la justice, M. Bruant avait tous ses titres en règle, et cela suffisait.

Pourtant il n'était pas tranquille. J'étais homme de loi ; je le gênais ; il voulait m'avoir. Entre nous deux, notez bien ceci, la guerre était déclarée tacitement ; il le sentait ; une guerre à mort. Son avarice seule, dont je vais parler tout à l'heure, l'avait empêché de parlementer plus tôt.

Il était avare incomparablement et avec cette naïveté qui était le fond de sa nature. Je prononçais naguère le mot *conscience*. Ma persuasion est que certains hommes n'ont pas du tout de conscience, dans l'acception philosophique du mot. Au fond du sac qui aurait dû contenir une conscience, M. Bruant avait trois choses : son avarice, son désir entêté d'épouser Jeanne et sa peur.

Son avarice était née de sa fortune. C'est le châtiment ordinaire. Cet homme qui avait des gourmandises de toute sorte au temps de la misère, vivait de rien maintenant qu'il possédait des millions. Il amassait sans trêve ni relâche ; il n'était bon à personne, pas même à lui ; son argent était au fond d'un trou, et c'était devant ce trou que les bonnes gens de Lorient dévotement s'agenouillaient.

Bruant savait cela : c'est en quoi je reconnais sa force. Son argent était l'armure dont il revêtait sa peur. Chaque louis d'or devenait une maille ajoutée à sa cuirasse. La logique instinctive de son avarice lui criait sans doute : « A force d'être riche, tu seras invulnérable. »

De sorte que, chez lui, l'avarice était un mode de la peur.

J'en dirais volontiers autant de son violent désir d'épouser Jeanne, du moins au point de départ. L'idée avait dû naître en lui d'éteindre ainsi des droits hostiles et d'annihiler un menaçant souvenir, mais ici, en jouant avec le feu, il s'était brûlé profondément ; l'obstacle avait grandi sa fantaisie jusqu'à la souffrance, et nous verrons bientôt l'idée de son mariage avec Jeanne le poursuivre comme une véritable folie.

Il avait trente ans de plus que Jeanne ; excellente condition pour extravaguer dans les questions de mariage.

J'en étais à délibérer avec moi-même sur la question de savoir si je devais retourner l'envoi de Judas sans réponse ou si mieux ne valait pas entrer en négociations avec lui, dans l'intérêt de Kerouïaz. Il y avait du pour et du contre. Sa démarche me le livrait un peu, mais pas assez, et peut-être la prudence diplomatique conseillait-elle d'irriter son caprice par un refus. La seule chose qui combattit cet ordre d'idées en moi, c'était le désir très-vif que j'avais de voir enfin cet homme et d'entamer avec lui une bataille réglée. Je ne peux pas prétendre que j'eusse des opinions arrêtées bien solidement sur le double assassinat que les apparences mettaient à sa charge ; j'étais déjà trop imbu des prudences du Palais pour me laisser entraîner au vertige des présomptions, mais un problème était posé, je voulais passionnément le résoudre.

A quelque degré que cet homme fût coupable, indépendamment même de la querelle sacrée que j'avais à défendre, je voulais me servir de lui comme l'apprenti médecin se sert du *sujet* étendu sur la table de dissection. Je l'avais voué à mes études, il me le fallait.

Tout en réfléchissant, j'ouvris machinalement ma seconde lettre de Port-Louis. Elle était d'une écriture large et lourde comme celle des enfants. Elle disait :

« Monsieur l'avocat,

« Je vous apporte encore deux homards avec moi et je vous prie de dire à vos valets de me recevoir, car j'ai à vous consulter pour affaire de vie et de mort.

« *Signé :* CHÉDÉGLISE (VINCENT). »

« *P.-S.* — Je prends la malle et j'arriverai le même soir de ma lettre. »

Vincent ! mon beau Vincent ! J'appelai aussitôt tous mes valets, c'est-à-dire la vieille Goton, notre factotum, et je lui ordonnai de recevoir un grand jeune homme à la crinière blonde et embrouillée, rouge en figure, très-timide, très-débraillé et probablement pieds nus.

— Bonne pratique ! gronda Goton, qui, chez nous, tenait un peu la caisse.

— Attends donc ! m'écriai-je en ressaisissant la lettre, Pieds nus ! Ah ! bien oui !... Je n'ai pas la berlue ! Il a pris la malle-poste ! Est-ce qu'il aurait enfin croché le poisson d'or !

Goton me regarda d'un air compatissant. Elle ne me considérait pas comme ayant la tête forte.

— Entrez, monsieur, dit maman Corbière au bout du corridor.

Pendant que je faisais la leçon à mes valets, ma bonne mère avait été obligée d'ouvrir la porte, Le « monsieur » entra : c'était Vincent avec ses deux homards. Mais combien il avait gagné ou plutôt perdu, hélas ! Sans le panier lorientais, je ne l'aurais pas reconnu. C'était Vincent, mais il avait des souliers ; c'était Vincent, mais ses grands cheveux blonds étaient coupés ; au lieu de sa chemise débraillée, il portait une redingote noire. Mon mousse ressemblait à un séminariste.

Il entra, les yeux baissés. La seule chose qu'il eût conservée intacte, c'était un pied de rouge sur le front.

— Bien le bonsoir, monsieur l'avocat, me dit-il en saluant respectueusement, voilà les homards avec les compliments de M. Keroulaz et de Mlle Jeanne.

J'avais pensé à ce bon garçon tant et tant de fois depuis un an, qu'il était pour moi comme une connaissance intime. Il ne pouvait pas deviner cela, aussi tomba-t-il de son haut quand je lui tendis familièrement la main. En vérité, il n'osait pas toucher la mienne.

— Eh bien, Vincent, oh bien, lui dis-je, qu'y avait-il dans le ventre du poisson d'or? »

Il recula d'un pas et fixa sur moi son œil presque hagard. Il avait, certes, une opinion fort exagérée des mérites de M. l'avocat, mais, pourtant il ne le croyait pas si sorcier que cela. Je fus obligé de lui dire en deux mots le hasard qui m'avait rendu maître de son secret.

— J'ai bien étudié depuis un an, murmura-t-il d'un air sérieux et modeste. Je suis encore un ignorant, mais je n'irais plus maintenant au Trou-Tonnerre.

Il avait donc été au Trou-Tonnerre !

Ma mère et Goton venaient de partir. Nous étions seuls. Je rapprochai mon siége vivement.

Vincent eut ma foi, un sourire. C'est étonnant comme il s'était formé !

— Voyons ! m'écriai-je, moquez-vous de moi tant que vous voudrez, mais racontez-moi l'histoire !

— Me moquer de M. l'avocat ! repartit Vincent avec une sorte d'effroi.

Il ajouta en baissant la voix :

— Faudrait n'avoir jamais parlé avec M. Keroulaz ni avec Mlle Jeanne !

— L'histoire, Vincent, l'histoire !.. Allâtes-vous la nuit même de la bénédiction des couraux ?

— Puisqu'il ne sert de rien d'aller les autres nuits...

— Et la *boîte* ?...

— Oh ! répliqua-t-il en rougissant j'avais mon idée pour la boîte.

— Vous ne la prîtes pas à l'église, je le sais, Vincent... La prîtes-vous au cimetière ?

— Pour quant à ça, monsieur Corbière, fit-il en se redressant comme malgré lui, j'ai été enfant bien tard, et il n'y a pas six mois qu'on m'appelait encore l'innocent... Mais je me suis toujours souvenu de la comtesse de Chédéglise, ma mère, et je serais mort avant de commettre un sacrilége. Voyez-vous, j'avais mon idée pour la boîte. Patron Seveno me pria bien de lui dire le fin mot, mais bernique ! Ça aurait été des si et des mais. Quand on est déterminé, pas vrai, faut marcher. J'obéissais à Seveno à bord de *la Sainte-Anne*, c'est vrai, mais la bonne créature m'aurait nourri de poulets rôtis si j'avais voulu, et, des fois, il me traitait tout d'un coup comme le fils de mon père... Il avait levé la main sur moi mais sans frapper, un soir que j'étais à la barre et que le bateau pensa toucher sur les dangers du Groaisus. Tout le long du chemin, il ne me parla plus et je croyais qu'il était fâché contre moi, mais, à la maison, quand on alluma la résine, je vis qu'il avait des larmes dans les yeux Il me dit : « Si j'avais tapé, je m'aurais puni de mort ! » Ceux qui connaissent patron Seveno savent bien qu'il fait ce qu'il dit...

— Monsieur l'avocat, interrompit ici Vincent avec un sourire modeste où perçait toute la candeur de son orgueil, j'ai appris pas mal de choses depuis le temps. Je lis dans le moulé et aussi daus l'écriture ; c'est moi que je vous ai tourné ma lettre de ma propre main.

— C'est au mieux, Vincent, mais la boîte ?

— Ah ! ah ! la boîte ! Monsieur l'avocat a envie de savoir. C'est drôle tout de même ce qui m'est arrivé là-bas, et je suis venu pour vous dire tout comme à mon confesseur... Je fus donc à Port-Louis en quittant l'auberge du père Mikelic et j'achetai trois lignes à congres pour les mettre bout à bout, avec un hameçon de trois pouces, et puis je dis un *ave* sous les fenêtres de Mlle Jeanne, car c'était pour elle et son grand-papa que j'allais au Trou-Tonnerre.

Il était dix heures quand je poussai au large avec la plate du vieux Crozic : un bateau de pauvre, monsieur l'avocat, rapiécé partout comme la veste d'un chercheur de pain. Je dressai le mât, je bordai la voile, percée de plus de trous qu'une écumoire, et me voilà parti, profitant du vent et de la mer. Beau temps, vous souvenez-vous? Je ne mis pas plus d'une heure à traverser les couraux. C'était désert comme si on avait été à cinq cents lieues de la côte, rapport à la fête qui mettait tous les équipages au cabaret. Je dis la vérité : à

Lorient ni à Port-Louis, personne n'a eu connaissance de ce grain-là qui me prit, vers les basses de Crescoret, à une demi-lieue de l'île. Mon mât fut brisé comme un tuyau de pipe et ma voile s'envola le diable sait où. Un grain sec, pas un nuage au ciel, des étoiles à boisseaux, et qui brillaient comme un million de chandelles ! Qu'est-ce que c'était que ce grain-là ? Demandez à un plus savant. Tout de même, la mer se mit à danser fameusement, ma plate vira bord sur bord et j'aurais juré que tous les tonnerres du ciel canonnaient au-dessus de ma tête. Je commençai à vider la barque avec mon chapeau, car je ne trouvais pas l'écuelle, et la lame embarquait en grand, comme chez elle. Si j'avais été en état de péché, gare à moi ! C'est là que je fus content de n'avoir pas sur moi la damnée boîte ! Je dis un bout de patenôtre et, aussi vrai que nous sommes là tous deux, monsieur l'avocat, je n'eus pas peur.

N'empêche qu'un grain pareil, ça ne s'est jamais vu.

J'avais bordé mes avirons pour me tenir debout à la lame, et j'en vaux un autre quand j'ai du bois dans les deux mains, mais je t'en souhaite ! Autant gouverner une baille ! J'allais à la dérive, tantôt de ci, tantôt de là, virant au remous, puis au courant, quand tout à coup calme plat ! La mer était autour de moi douce comme de l'huile et les roches du Trou-Tonnerre faisaient ombre au-dessus de moi.

Le petit clocher de la chapelle de Lokeltas tinta le coup qui précède l'heure. Je n'avais que bien bien juste le temps pour couler ma ligne avant minuit. J'ôtai ma veste et ma chemise, j'affûtai mon couteau sur le fer du grappin avant de mouiller, et je taillai sur la chair de mon bras gauche une jolie tranche que mon hameçon y passa et repassa six fois sa pointe. Ça tenait dur. C'était là mon idée que je vous disais, monsieur l'avocat : je donnais au merlus la boîte qu'il fallait, sans rien prendre à l'église ni au cimetière. Ma chair est celle d'un chrétien, pas vrai ?

A l'eau le plomb ! La longueur de mes trois lignes y passa. Mon bras taillé me faisait durement mal, mais je pensais aux douze mille francs, on payait le Judas, et le grand-papa Keroulaz était heureux. Je souriais, parce que je voyais le sourire de Mlle Jeanne.

L'idée ne me venait même pas que ma boîte pût aller en vain au fond de la mer.

Minuit sonna. Au dernier coup je sentis comme une caresse faible au bout de ma ligne et je me dis : « Voilà la bête ; ne nous pressons pas ! » Quand on pêche, on sait ce qui se passe sous le bateau ; la ligne parle et dit aux doigts si le poisson mord, ou si le poisson s'amuse. Parfois la boîte arrive devant un animal qui vient de prendre son repas ; alors il joue. Il me semblait que je voyais le damné merlus jouer autour de mon hameçon. Mors donc, fainéant, qu'on te pique !

Tâche ! il jouait toujours comme un quelqu'un qui a dîné et qui fait des boulettes avec la mie du son pain au dessert.

Auquel cas faut lui tirer l'objet tout doucement, pour lui faire envie. Les poissons, ça ressemble au monde. Ce qu'on craint de perdre, on le croche. Je halai sur ma ligne. Attention ! y avait quelque chose au bout. L'animal avait mordu à la sournoise. L'animal ? Il n'y a pas dans la mer d'animal si lourd que ça ! C'était la roche. On aurait joué un air de musique sur la corde, tant elle était tendue ; mes mains se déchiraient et l'effort faisait ruisseler le sang de mon bras.

Tiens bon, pourtant ! Ça venait un petit peu. Ce n'était pas la roche, car j'avais bien déjà trois ou quatre brasses de ma corde dans le bateau. J'avais ouï conter à Seveno qu'il avait pêché au Glenan la grand'raie qu'on appelle un *posteau*; elle pesait soixante-seize livres, mais elle gigottait, fallait voir, et son bateau allait comme une banlançoire. Ici, rien ; on aurait dit que je montais un sceau d'eau du fond d'un puits.

Était-ce Dieu possible ? J'amenais peut-être le poisson d'or, le vrai. L'or, ça n'est pas une chose vivante. Un poisson tout en or ne peut pas remuer.

Je halais. L'idée me vint que je halais un noyé.

Mais les noyés ne pèsent pas si lourd.

Je ne pourrais pas dire tout ce qui me passa

par la tête. Je n'avais pas encore étudié. Mais maintenant que j'ai étudié, je n'en serais pas plus fin de beaucoup.

J'avais quarante brasses de tirées dans le bateau. Il en restait bien encore une fois autant à tirer, car c'est long, trois lignes bout à bout. J'eus comme un rêve et je vis à travers l'eau une baleine morte. Il en vient de temps en temps jusque chez nous. Ma sueur et mon sang coulaient à la fois; je râlais tant j'avais de fatigue?

Enfin le paquet monta ; je dis bien, le paquet : un monceau de goëmons, lesté par un tas de petites roches, des grandes feuilles huileuses, emmêlées avec ce qui me parût être des guenilles. J'eus le courage de passer cela par-dessus bord et je tombai épuisé au fond de la plate.

Mon hameçon n'avait plus la boîte, et ma ligne était mêlée comme une tignasse de petit grésillon qui n'a pas été peigné depuis sa naissance.

Mes pauvres douze mille francs, monsieur l'avocat ! Ma pêche ne valait pas douze liards, c'est sûr ! Il était bien une heure du matin quand je me sentis assez fort pour lever mon grappin. J'avais maintenant contre moi le vent et la marée, et j'étais faible par le sang que j'avais perdu avant de bander mon bras. Il fallut pourtant nager et nager ferme, car je voulais arriver avant le jour. La honte me tenait ; il me semblait que tout le monde allait dire en voyant passer : Voici Vincent, l'innocent, qui revient de pêcher le poisson d'or !

Les nuits sont courtes en juin. Les couraux se couvraient déjà de barques quand j'accostai à la pointe de Gavre. Je ne peux pas dire non, monsieur l'avocat, l'espoir est quelque chose d'entêté : avant de quitter ma plate, je voulus éplucher le tas de goëmons que j'avais amené, pour voir si, dedans, il n'y avait rien de bon à prendre. Le fond de la mer est plein de trésors. Quand je n'aurais trouvé qu'un gros diamant ou une poignée de perles fines! On dit que ça vaut cher.

Dans mon paquet il y avait des crabes morts et vivants, des coquilles d'huître, des pinces de homard, des roches, du corail, des herbes de toute sorte et en quantité, car le paquet pesait plus de deux cents livres, mais il n'y avait ni perles ni diamants. Au centre du tas, c'était comme je l'avais cru voir dans l'obscurité, un amas de guenilles, de vrais lambeaux d'étoffe où restaient des débris informes d'ossements humains. Le cadavre d'un noyé avait été le premier noyau de cette bizarre agrégation. Le doute n'était pas possible, car une portion du costume restait presque entière! c'était une capote en toile cirée, à laquelle des myriades de coquillages s'étaient attachés.

Le soleil se levait derrière les blanches maisons d'Étel, que j'étais encore à fouiller mon misérable trésor. Je le rejetais à la mer à pleines poignées, et bientôt il n'y eut plus dans le bateau que la capote cirée. Elle allait suivre les autres débris, lorsque je sentis dans la poche un objet dur. Je retournai vivement le vêtement, qui pesait bien quarante livres avec ses lourdes broderies de coquilles et je m'emparai d'une boîte de fer-blanc cylindrique, pareille à celles où les patrons abritent leurs rôles et autres papiers d'équipage. Il y avait des papiers dans cette boîte. Je ne savais pas lire, mais je gardai la boîte et les papiers. Ce fut tout le produit de mon expédition.

Seveno voulut m'interroger à mon retour; je lui fermai la bouche. Chose singulière, ma mauvaise chance, au lieu de m'abaisser vis-à-vis de Seveno, me rendit plus ombrageux et presque fier. Bien loin de se fâcher, le bonhomme descendit d'un cran et prit à tâche de diminuer ses familiarités à mon égard. Ses matelots, mes camarades, firent comme lui. J'étais toujours mousse à bord de *la Sainte-Anne*, mais il arrivait souvent qu'on me parlait le bonnet à la main. Monsieur l'avocat, il faut voir pour comprendre ce qu'il y a de brave bonté dans ces cœurs-là.

Je fus malade un mois, pas tout de suite, mais quand vous eûtes quitté Lorient, bien malade ; ma plaie était mauvaise, elle eut grand'peine à se fermer. Il y avait toujours auprès de moi un de nos marins qui veillait à mon chevet comme ma mère. J'avais le meilleur médecin de Lorient. Un jour que le docteur avait hoché la tête en examinant ma blessure, Séveno eut des larmes plein les yeux.

— Il faut te repiquer, Vincent, me dit-il. Les temps sont meilleurs, et tu coucheras peut-être bientôt dans le lit de ton père.

Je lui fis signe d'approcher et je lui dis à l'oreille :

— Je voudrais la voir avant de mourir.

Il savait tout, et ce n'était pas grand'chose allez, ce tout-là, monsieur l'avocat. Mon secret était que j'allais à la nuit sous les croisées de Mlle Jeanne et que je brûlais des cierges à Notre-Dame de Larmor pour son bonheur. Nous ne nous étions jamais parlé. Keroulaz et Chédéglise sont cousins, mais, outre que j'étais tombé bien bas, il y avait eu entre les deux familles des procès et des querelles à main armée. Mlle Jeanne me connaissait un petit peu, cependant. Elle rougit quand Séveno la pria de venir me voir. Certes, elle eût accordé cette grâce à tout autre malade. Sa vue me fit mieux que toutes les médecines. Dès qu'elle fut partie, je me sentis plus fort à la pensée qu'elle allait prier pour moi, la douce sainte.

Elle vint trois fois à Gavre ; la troisième fois, je pus la reconduire un petit bout de grève, et, huit jours après, je pris le chemin de Port-Louis pour parler au grand-père. En route, j'étais bien tremblant ; je pensais que j'aurais dû allumer au moins un cierge à Larmor pour le succès de mon entreprise ; mais dès que le grand-père m'eut demandé ce que je voulais, je me sentis du courage plein le cœur.

Pour sûr, Jeanne priait, et ma force, c'était sa prière.

Je vivais avec de bien pauvres gens ; mais la pauvreté de ceux qui ont les mains rudes n'attriste pas comme l'indigence qui était chez M. Keroulaz, autour de moi, indigence pleine encore du souvenir des jours meilleurs. Sans la prière que Jeanne faisait, je serais resté muet, tant j'avais de compassion et de respect.

— Je suis Vincent Penilis, dis-je : il n'y a plus que moi. Voulez-vous me fiancer votre petite-fille?

Il me regarda de la tête aux pieds. Je m'étais pourtant habillé de mon mieux, mais la rougeur vint sous ses cheveux blancs. Ce qu'il pensa, il ne le dit point, et ses seules paroles furent celles-ci :

— Nous avons tous été ce que nous ne sommes plus, vous et nous.

Après un silence pendant lequel mon cœur tremblait, il reprit :

— Vous êtes bien jeune, mon cousin Penilis.

Vous le connaissez, vous savez quelle généreuse bonté il y a dans son âme, monsieur l'avocat. Il voulait me refuser, mais il ne voulait pas m'humilier. La Vierge m'inspira de répondre :

— Vous êtes bien vieux, mon cousin Keroulaz.

Il leva sur moi ses yeux, où le sourire allait naître, et murmura :

— Cela est vrai.

— Si Dieu vous appelait à lui par malheur, poursuivis-je, Mlle Jeanne n'aurait plus personne.

Je vis bien qu'il avait envie de me tendre la main, mais une idée lui passa, et son front se rembrunit pendant qu'il disait tout bas :

— Il n'y avait point de sentier du château de Keroulaz au château de Penilis.

— Il n'y a plus ni château de Penilis ni château de Keroulaz, répartis-je. Que la paix soit entre les morts !

— Tu parles comme un homme ! pensa-t-il tout haut.

Il appela Jeanne, qui vint souriante et blanche, comme une promesse de bonheur. Ils causèrent ensemble si bas, que je ne les entendais pas, mais je voyais le rose monter aux joues de Jeanne, et j'invoquais, avec Jésus et Marie, tous les saints du paradis. Après une minute qui me sembla longue comme un jour, M. Keroulaz renvoya sa petite-fille d'un geste, et je restai de nouveau seul avec lui.

On venait de me juger ; il allait prononcer l'arrêt.

— Vincent, me dit-il, je n'ai jamais eu de haine contre les tiens ; si j'avais eu de la haine, ton père, le colonel, aurait forcé mon pardon en mourant pour Dieu et le roi comme un martyr. Je te prends pour mon fils, mais il faut gagner Jeanne. Tu l'as dit : je suis vieux : après moi, elle n'aura personne. Tu n'es rien, sois quelque chose. Un simple matelot...

— Je ne suis que mousse, interrompis-je ; mais je vous comprends, et j'ai du cœur.

— Que sais-tu ?

— Rien.

— Apprends donc tout, garçon, et hâte-toi. Jeanne a promis de t'attendre. Nous ferons la noce le jour où tu seras reçu patron au cabotage.

J'eus comme un éblouissement de joie, et je sortis pour commencer mes études. J'achetai un alphabet de cinq sous. Je n'avais aucune idée de ce qu'il fallait apprendre pour devenir patron au cabotage, mais il me semblait que j'allais devenir savant en quelques jours.

Par le fait, monsieur l'avocat, la science du patron au cabotage n'est pas le Pérou, à ce qu'il paraît ; mais je ne suis pas près de passer mon examen. J'ai la tête dure, et sans l'idée de Jeanne, je jetterais mes bouquins par-dessus bord...

— Celui qui parlait ainsi en 1805, mesdames, dit ici M. de Corbière en s'interrompant, devait dix ans plus tard, siéger avec éclat à la Chambre des pairs et venir en aide, presque seul parmi ses collègues, aux efforts éloquents de Berryer, lors du procès du maréchal Ney ; il devait porter jusqu'au chevet de Louis XVIII sa vaillante protestation, et, en présence du roi lui-même, — je puis le garantir, j'étais présent, — imposer silence au duc de Duras, qui conseillait de ne point entendre les clémentes supplications de la duchesse d'Angoulême.

Celui-là, qui était si loin de son humble examen de patron au cabotage, devait être un grand chrétien, un savant distingué et un éminent homme de mer : le contre-amiral comte de Chédéglise, membre de l'Institut, et l'un des meilleurs officiers généraux de notre marine sous la Restauration.

Nous devions changer de rôles, lui et moi, voyez-vous, et vous pardonnerez à l'émotion qui met un temps d'arrêt dans mon récit. De protecteur que j'étais ce jour-là, je devais devenir protégé.

Mais poursuivons. Il était assis sur le coin d'une chaise dans mon très-modeste bureau, et me parlait avec plus de respect que jamais solliciteur ne le fit, par la suite, en mon cabinet ministériel. Il fallait, pour l'encourager, tout l'intérêt évident et profond que je prenais à son histoire.

— Je fus six mois à connaître mes lettres, monsieur l'avocat, reprit-il. C'est le plus long. Ce n'étaient pas les professeurs qui me manquaient, bien au contraire. Je n'osais pas m'adresser à M. Keroulaz, et je faisais le fanfaron auprès de Mlle Jeanne, qui croyait à mes prétendus progrès ; mais j'avais Séveno et les quatre matelots de *la Sainte-Anne*. Séveno était le plus instruit de tous, comme de raison, et n'en savait pas beaucoup plus que moi ; les autres à l'avenant ; mais tous avaient de la bonne volonté à revendre, et l'équipage entier se réunissait pour me faire perdre la tête. Le grand secret avait transpiré ; personne n'ignorait à bord que je marchais à la conquête de Mlle Jeanne ; chacun voulait m'aider. *La Sainte-Anne* devenait une école : après la journée finie, on allumait une résine, et en avant la croix de Dieu !

Ils travaillaient comme si la science eût dû entrer dans ma tête en passant par leur cervelle. Ça vous aurait fait rire et peut-être pleurer aussi, monsieur l'avocat, de les voir tous les cinq épelant à grand effort l'alphabet déjà désemparé. Je tenais le centre ; on commençait à m'appeler monsieur Vincent, bien malgré moi; toutes les têtes, penchées sur le malheureux petit livre, travaillaient. Séveno ne contait plus d'histoires ; il s'agissait d'étudier à six, pour que je fusse patron au cabotage.

J'ai omis de vous dire que le Judas avait eu vent de mon entrevue avec M. Keroulaz. Il fit venir un soir Séveno et lui ordonna de me débarquer. Séveno l'envoya paître, selon son expression et nous quittâmes *la Sainte-Anne* pour faire la pêche à notre compte, sur une barque de rebut. J'étais toujours le mousse c'est-à-dire le dernier de l'association ; mais j'avais une manière de lit dans la cabine, tandis que patron et matelots couchaient à fond de cale.

Plus nous allions, plus le *monsieur Vincent* devenait d'usage. Un jour, Séveno me dit, et je répète ses propres paroles :

— On peut se passer de toi, ces temps-ci, monsieur Vincent, ma garçaille. Tu resteras à la case et tu mangeras ton livre en grand toute la sainte journée. Par quoi, ce sera autant de pris. Nage à la maison !

L'équipage applaudit et vida cinq pots chez Mikelic en l'honneur de l'idée. Non-seulement je restai tranquille à la case, mais on me donna la femme de Courtecuisse pour faire ma cotriade. A dater de ce moment, je mordis à la besogne et je fis de véritables progrès. Ce fut grande fête, la première fois que je lus à l'équipage stupéfait une page de gazette qui avait enveloppé deux sous de tabac. On but je ne sais combien de pots chez Mikelic, et Séveno déclara qu'il avait vu bien des commissaires à qui j'aurais donné le tour !

Enflé de ce succès, j'allai à Port-Louis m'offrir à l'examen de M. Keroulaz, qui me dit :

— Penilis, mon garçon, il faut aller à l'école, sans quoi Jeanne risque de t'attendre cent ans.

La bonne chance accompagnait notre vieille barque, qu'on avait baptisé *la Jeanne* je n'ai pas besoin de vous dire en l'honneur de qui. Quand je revins, bien triste, conter à mes braves amis le résultat de mon épreuve, Séveno cassa d'un coup de poing une table vermoulue, qui était la meilleure de tout le mobilier de Mikelic.

— Nom de nom de nom ! gronda-t-il, ça n'est pas juste ! L'enfant lit tous les cornets à tabac comme père et mère... N'empêche que, si le vieux l'a dit, monsieur Vincent, faut te patiner différemment et mettre le cap sur l'école. Allume !

Le lendemain, je fis mon entrée à l'école, où je fus placé dans la classe des petits enfants. Il y a un mois de cela, monsieur l'avocat, et j'ai bientôt fini mon histoire. Je n'ai plus à vous dire que le motif de mon voyage.

Il y avait près d'un an déjà que j'avais jeté ma ligne au Trou-Tonnerre. Je ne peux pas dire que j'avais oublié cette nuit-là ; mon bras, qui restait faible et douloureux, m'en faisait souvenir à chaque instant ; mais l'ardeur que je mettais à mes pauvres études avait éloigné de moi toute autre pensée. Il est certain que, dans les premiers jours qui suivirent mon équipée, j'avais un ardent désir de savoir lire pour prendre connaissance des papiers qui étaient dans la boîte de fer-blanc trouvée dans la poche du caban de toile cirée, mais peu à peu cette préoccupation avait disparu, et l'étui de fer-blanc était absolument sorti de ma mémoire ; ceci, à tel point que, sachant lire et tenant, par conséquent, dans ma main la clef de ce mystère, je ne songeais pas à m'en servir. Il fallut un hasard. Jeudi dernier, patron Séveno se plaignit en rentrant que ses papiers de bord étaient tout trempés, parce que son étui dessoudé faisait eau.

— J'en ai un ! m'écriai-je.

Et je courus à mon coffre, où je trouvai la boîte de fer-blanc sous mes anciens habits de mousse.

— Ça n'est pas du fer-blanc, ça ! me dit Séveno. Où l'as-tu eu, monsieur Vincent ?

— Au Trou-Tonnerre répondis-je.

Le patron déposa l'objet sur la table comme si ses doigts avaient touché un charbon ardent.

Les autres se mirent en cercle et regardèrent avec curiosité.

— On dirait de l'argent ! firent-ils.

Et Courtecuisse demanda :

— Qu'y a-t-il donc sur le couvercle ?

Je n'avais pas remarqué qu'il y eût rien d'écrit. Je pris la boîte vivement, et je restai tout ébahi en lisant ces deux noms : Yves Keroulaz.

Vous êtes aussi étonné que moi, monsieur l'avocat ; mais attendez !

Vous pensez si j'eus vite fait d'ouvrir la boîte. Mes mains tremblaient. Je songeais que ces haillons pleins d'ossements, mêlés parmi les goëmons, avait appartenu au père de Mlle Jeanne et qu'au lieu de mettre ses restes en terre sainte, je les avais rejetés dans la mer.

Le premier papier qui me tomba sous les yeux fut une quittance timbrée et signée J. B.

Bruant: une quittance de douze mille francs pour solde du prix de la presse à sardines vendue à M. Keroulaz...

— Vous avez cette quittance? m'écriai-je en saisissant le bras de Vincent.

— Je suis venu tout exprès pour vous la remettre monsieur l'avocat. La voici.

IV

— Bon ami, dit la comtesse douairière de Chédéglise qui tendit la main à M. de Corbière, vous avez passé sous silence une bonne moitié du bien que vous nous fîtes en ce temps-là. Je voudrais qu'il me fût permis de raconter le restant de l'histoire.

— Non pas, non pas! s'écria le ministre; c'est mon premier succès de roman... j'y tiens! et je continue. Faites la police, madame la marquise ! Quiconque interrompra donnera un gage !

Notre beau garçon de Vincent sortit de sa poche le fameux étui d'argent. Il y avait déjà six mois qu'il ne halait plus sur l'aviron. Ce fut d'une main fine et blanchette qu'il me remit le papier timbré, bien et dûment signé par ce coquin de Bruant.

— Avec ça, me dit-il, monsieur l'avocat, l'affaire est dans le sac, pas vrai ?

Je soupçonne, mesdames, que vous partagez l'avis de Vincent. La possession d'une pièce si importante doit assurer à vos yeux le gain de notre cause, et vous voyez déjà le Judas confondu comme il le mérite.

Mais il y a la justice de tout le monde et la Justice avec un grand J, la vieille Thémis, qui porte une balance sur tous les frontons des temples où l'on plaide. Personne ne peut m'accuser de ne pas aimer cette Justice-là, qui m'a fait, en définitive, ce que je suis; seulement, j'aime encore mieux l'autre. Je ne sais pourquoi cette balance elle-même me fait peur; je la comprendrais entourée d'un fort grillage, afin qu'aucune main subtile ne pût adroitement y glisser un faux poids.

Il y avait déjà moitié de chose jugée. Devant le premier tribunal, cette pièce, miraculeusement retrouvée, nous aurait sans doute donné la victoire. Sans doute, ici, veut dire un peu plus que peut-être, mais pas beaucoup, à cause de l'absence du grillage. Maintenant il fallait faire casser le jugement. Remercions Dieu, qui nous vient en aide, mais n'entonnons pas encore le chant triomphal.

Pendant que je réfléchissais, tournant et retournant dans mes mains la quittance, qui était fraîche et intacte comme si elle eût dormi depuis le temps dans les cartons d'un garde notes, Goton entra à grand bruit, précédant un commissionnaire qui portait la caisse de vin d'Espagne. Voyez déjà l'utilité du grillage ! L'avovat ne tient pas la balance, il est vrai, mais ces perfides petits cadeaux se trompent parfois de porte et montent plus haut que l'avocat. Pour ma part, je le voudrais si serré, le grillage, qu'il pût servir de parapluie à Danaé, et d'écran aussi contre vos rayons, belles dames !

Surtout contre vos rayons. Pour Thémis, en effet, je ne crains pas trop l'argent, fi donc ! Je me moque des caisses de vin d'Espagne, quoique Thémis ait contracté sur l'Olympe même l'habitude du nectar; mais sur le marbre austère de cette statue sait-on l'effet que produit un sourire !

L'arrivée de la caisse changea subitement le cours de mes pensées. Cela dut paraître sur mon visage, car notre Vincent, qui restait inquiet devant mon silence, respira bruyamment tout à coup et s'écria:

— Ça mord, monsieur l'avocat, pas vrai?

Ça mordait! Et c'était le poisson d'or cette fois qui chatouillait mon hameçon! la vue de cette caisse de sapin m'éblouit; mon cerveau vibra au contact d'une de ces grandes idées qui gagnent les batailles.

— Monsieur de Chédéglise, dis-je, il faut entrer au lycée de Rennes et regagner le temps perdu. Vous allez être un riche gentilhomme!

Vincent changea de couleur.

— Il ne s'agit pas de moi, monsieur l'avocat, murmura-t-il.

— Aidez le commissionnaire à recharger sa caisse, Vincent... Il s'agit de vous mon ami! M. Bruant n'a-t-il pas le château de Penilis comme il a le château de Keroulaz?

Il resta immobile, et ses yeux semblèrent s'agrandir en se fixant sur moi.

Puis sa prunelle brilla et il pensa tout haut :

— Si on pouvait fouiller le fond de la mer...

— Il y a quelque chose de plus difficile à sonder que la mer, monsieur de Chédéglise, interrompis-je, c'est la conscience d'un scélérat. Et pourtant Dieu permet tôt ou tard qu'une lumière se fasse au fond de ce gouffre... Aidez à recharger la caisse... La bataille est commencée, entendez-vous, et je vous donne ma parole d'honneur d'y perdre tout mon latin, ce qui est le sang de l'avocat, avant de reculer d'une semelle !

Je riais en parlant, mais mon accent démentait ma moquerie, car j'avais, en vérité, de l'enthousiasme plein le cœur.

Vincent obéit ; il prit la caisse de vin d'Espagne et la remit sur le dos du commissionnaire étonné. Je dis à ce dernier :

— Reportez cette caisse aux messageries pour compte de M. Bruant, propriétaire à Port-Louis.

Vincent murmura :

— Ah! ah! c'était le Judas!...

Goton regarda partir la caisse avec chagrin et me dit sans façon :

— Quoique vous ne rouliez pas beaucoup, vous n'amasserez jamais de mousse!

Vincent avait apporté la procuration notariée de M. Keroulaz. Dès le lendemain je consignai l'amende d'appel au greffe de la cour impériale, et l'affaire fut mise au rôle. Le lendemain aussi, je plaçai sous bande la missive de M. Bruant et je la lui renvoyai. Séparément, je lui écrivis la lettre suivante :

« M. Corbière, avocat, prie M. J. B. Bruant de vouloir bien, dans le plus bref délai possible, passer à son cabinet, pour affaire grave qui le concerne. »

Personne, je le pense, dans l'heureux et noble auditoire qui m'entoure n'a reçu de pareils billets. On se dérange quand on veut vous entretenir, mesdames, et vous aussi, messieurs, fût-on notaire et s'agît-il de vous annoncer la mort d'un oncle avec la naissance d'un héritage. Vous ne pouvez savoir, par conséquent, quelle impression singulière produisent sur le commun des mortels, ces lignes laconiques et mystérieuses.

Tout homme qui s'occupe d'affaires et qui écrit sur du papier timbré possède ce pouvoir exorbitant de procurer une mauvaise nuit au meilleur dormeur de son département et une migraine à la plus forte tête.

Ici-bas, entre ces deux catégories bien tranchées, les gens honnêtes et ceux qui ne le sont pas, il existe une infinité de nuances : toutes les dégradations prismatiques qui séparent le noir du blanc.

Il en est jusqu'à trois que je pourrais citer,

disait cet insolent Despréaux en parlant d'autre chose que des gens de probité absolue. Moi, je ne précise rien, mais j'ai rencontré dans ma vie bien peu d'âmes assez vigoureuses pour éviter le petit mouvement de fièvre que procure cet avis de l'avocat, de l'huissier ou du notaire. Je ne parle pas même de la cédule, émanant du parquet ou de la préfecture de police.

Connaissez-vous beaucoup de consciences qui aient gardé intacte la blancheur de la robe nuptiale ! Notre-Seigneur ne trouva personne pour jeter la première pierre, dès qu'il y eut mis la condition de se sentir sans péché.

N'eût-on point véritablement de péché, il y a le doute.

N'eût-on pas même le doute, car, je sais des gascons qui se croient absolument sûrs de tomber comme des plombs au fin fond du paradis, reste encore cette crainte salutaire qu'inspire la Justice avec un grand J. Dès que ces respectables ferrailles, qu'une raillerie du hasard appelle des *fléaux*, se mettent en branle, tout le monde tremble. Gare à la balance infaillible ! Elle a ses jours. L'œil de Thémis, auquel rien n'échappe joue parfois à colin-maillard d'une façon lamentable. J'ai fait ce rêve, qu'il y avait au monde un portrait vivant de votre serviteur, nommé Duboscq, comme le Sosie de Lesurque, ou autrement, cela importe peu, et que je m'éveillais guillotiné, parce que cette seconde épreuve de moi-même avait eu l'indélicatesse d'arrêter la diligence. Ce sont là des songes pénibles. Et tenez! je vis hier la fille de ce Lesurque, dont la femme est morte folle. J'ai voulu railler, mais me voilà qui tremble. La fille de Lesurque venait me demander la réhabilitation de son père, déshonoré peut-être par erreur, assassiné peut-être par mégarde. Moi, ministre, je n'ai pas pu : la statue de Thémis ne veut pas. Nous sommes allés chez le roi, la fille de Lesurque et moi, et, en chemin, elle me disait :

— L'Empereur n'a pas pu, le Roi ne pourra pas...

Elle disait vrai. Vous voyez bien! Dès que bouge un des suppôts de la déesse, l'innocent a quelques raisons pour trembler. — Mais le coupable?

Ah! vous ne savez pas, et nul ne sait, je l'afirme, dans quelle étrange proportion la conscience humaine est troublée. Ce n'est pas 'homme d'État qui vous parle ici, c'est le vieil vocat, vétéran de l'inquisition de Palais, le légiste qui passait pour retors et qui, à tout le moins, peut se vanter d'en avoir vu de toutes es couleurs.

Il y a des milliers de degrés dans le mal, comme l y a des milliers de nuances dans l'inquiétude produite par cette vague menace de la loi.

Chose singulière! devant ce premier symptôme du réveil de la Providence, tel homme ardi s'affaisse qui résisterait vaillamment à une accusation plus formelle. C'est l'inconnu; ce ont les ténèbres; c'est la voix redoutable, venant on ne sait d'où, et prononçant à l'oreille n nom oublié, une date perdue...

Qui nie les revenants? Moi, j'ai vu des centaines de fantômes!

Mais, pour arriver tout d'un coup à notre cas spécial, quand il s'agit vraiment d'un criminel, l'effet produit par une lettre semblable est pour la plupart du temps le vertige.

Je reçus poste pour poste une très-longue réponse de M. Bruant, dans laquelle il rejetait bien loin l'idée de me venir trouver. Quelle qualité avais-je pour déranger un personnage de sa sorte? Il me faisait le compte de ses revenus; il plaidait la différence de nos âges; il me demandait si j'étais fou.

Le soir même, il était dans mon cabinet, arrivant ainsi deux heures après sa lettre.

Je ne vous ai donné jusqu'à présent, mesdames, aucune idée de la personne physique de M. Bruant, parce que je désirais vous mettre dans la position où je fus moi-même la première fois qu'il se présenta devant mes yeux. Je m'étais fait un Bruant d'imagination, un

Judas de fantaisie, selon la coutume ; son aspect m'étonna ; je m'attendais à tout autre chose.

M. Bruant était un homme de haute taille qui gardait la tournure de la jeunesse, bien qu'il fût près d'atteindre les plus extrêmes limites de l'âge mûr : il louvoyait, en effet, selon le dire de patron Seveno, entre cinquante-cinq et soixante ans. Ses cheveux nuancés de gris, mais gardant des reflets blonds dans leur masse, étaient disposés avec soin ; il ne portait pas de barbe ; ses traits étaient aquilins fortement, son front un peu fuyant avait de la hauteur ; ses yeux, d'un gris très-clair et presque perlé, tachaient leur prunelle de rouge comme s'ils eussent été de jaspe ; ils brillaient subitement parfois comme des yeux de chat sauvage ; d'autres fois, et le plus souvent, ils fixaient dans le vide leurs regards atones.

L'impression qu'il faisait était celle d'un homme bien élevé ; je peindrai plus vivement ma pensée en disant qu'il avait l'air d'un vieux noble admirablement conservé.

Buffon ne le connaissait pas quand il écrivit son fameux apophthegme sur le style et sur l'homme ; il est, du reste, acquis que cet illustre auteur ne connaissait pas beaucoup les animaux qu'il a si agréablement décrits. On se serait trompé du tout au tout en jugeant M. Bruant d'après son style, lors même qu'on eût amendé sa coupable orthographe.

Il fit grande impression sur Goton, qui me dit tout bas, en l'introduisant :

— Excusez ! voilà un ci-devant qu'a du foin dans ses bottes !

Il entra d'un pas brusque, mais qui ne sonnait point sur le carreau. Ses mouvements étaient ceux d'un homme de trente ans. Il n'est pas, du reste, hors de propos de faire observer ici qu'il était rompu à tous les exercices du corps, excellent tireur d'armes, chasseur hors ligne ; de rappeler surtout qu'il avait acquis en Bretagne une véritable renommée par son étonnante habileté comme nageur. On racontait qu'il était parti de Port-Louis avec le jusant, qu'il avait fait le tour de Groix et qu'il était revenu avec la marée, ce qui donne pour le moins six lieues de pays.

— Bonjour, mon cher monsieur Corbière, me dit-il très-doucement, mais d'un ton de protection que lui permettait, certes, sa position de fortune vis-à-vis d'un pauvre praticien tel que moi. J'ai réfléchi. Vous devez être accablé de travail, avec votre talent, et moi je n'ai rien à faire ; vous ne roulez pas sur l'or, et moi je suis fort à mon aise : c'était à moi de me déranger évidemment... évidemment...

Comment va ? Et les affaires ? La pêche s'annonce à miracle, chez nous, cette année... Vous ne croyez pas aux bruits de guerre ? Assez de guerre, hein ? Qu'on nous laisse souffler. Ce sont les travailleurs qui manquent. Misère ! j'ai eu assez de peine à former mes équipages... Il y avait longtemps que j'avais envie de faire votre connaissance.

Il dit ces diverses choses, qui n'avaient pas beaucoup de suite, à la file et sans reprendre haleine. Son débit, en parlant, ne manquait pas d'aisance, mais sa présence même trahissait ses craintes, et je devinais son trouble au travers de ses efforts.

— Veuillez prendre un siége, monsieur Bruant, lui dis-je avec toute la froideur dont on peut faire usage sans tomber jusqu'à l'impolitesse.

— Bien honnête, répliqua-t-il, bien honnête.

J'ai de bonnes connaissances à Rennes. J'ai eu le préfet chez moi, au chateau, lors de la tournée, quand il était à Vannes...et j'ai dîné avec le procureur général, à Lorient, chez l'amiral... Voyons! de quoi retourne-t-il, monsieur Corbière? J'ai idée que vous allez faire, ce soir, une bonne petite affaire avec moi, hé! hé!

De la lettre renvoyée ni de la caisse de vin d'Espagne, pas un mot.

— Personnellement, monsieur, répliquai-je, je ne suppose pas que je puisse avoir aucune affaire avec vous. J'ai mon client, dont les intérêts sont opposés aux vôtres.

— Mais du tout! s'écria-t-il, mais du tout! Voilà l'erreur! En quoi opposés? Ce bon vieux Keroulaz est entêté comme une mule. Je lui ai dit: Donnez-moi votre fille en mariage...

— Pardonnez-moi si je vous interromps, monsieur Bruant, prononçai-je avec sécheresse.

Mes instants sont précieux, et il ne s'agit absolument pas de Mlle Keroulaz.

Il fronça le sourcil et pâlit d'une manière visible.

— Est-ce que vous avez la prétention de m'effrayer ? murmura-t-il assez hors de propos.

Et, voyant tout de suite sa maladresse, il ajouta :

— Cartes sur tables, monsieur Corbière. Le billet que vous m'avez écrit a paru, à mes amis comme à moi, fort peu convenable.

Je souris involontairement, et mon sourire signifiait si bien : « Vous n'avez montré ma lettre à personne, » qu'il intercala précipitamment :

— Si fait, monsieur, si fait, j'ai consulté à ce propos. Je consulte toujours.... Oh ! Oh ! vous avez écouté les clabaudages.... les clabaudages.... les clabaudages !

Il répéta ce mot par trois fois, et ajouta :

— Je suis en règle, voyez-vous, j'ai tous mes titres, moi. Bah ! bah ! L'expérience vient avec l'âge. Savez-vous ce que c'est qu'une petite ville, vous ? Je soigne ma fortune : ça empêche-t-il les blés du voisin de pousser ? Pour leur plaire, faudrait-il jeter mes écus de six livres par la fenêtre ? Combien gagnez-vous bon an, mal an, vous ?

— Monsieur.... voulus-je interrompre.

— Je vous dis : cartes sur table ! Que diantre ! on ne peut pas devenir riche sans exciter l'envie de ceux qui restent pauvres ; admettez-vous cela ? Oui. Eh bien, tout se suit. Les ivrognes ne m'aiment pas, parce que je ne bois que de l'eau rougie. Les ci-devant me détestent, parce que je sors du peuple. J'ai été domestique, et me voilà maître : ça m'honore... J'ai donc une marotte comme tout le monde, c'est d'épouser une fillette dont je serais le père grandement... voilà ! faut-il me pendre ? Je n'y vais pas par quatre chemins, moi, et je dis les choses comme elles sont : je n'ai ni vices, ni défauts, ni habitudes ; je voudrais une femme pour lui donner mes cent cinquante mille livres de rentes, comme à un petit enfant chéri... oui... oui...

Sa voix se prit à trembler et son œil devint larmoyant.

Il disait vrai : il n'avait ni vices, ni défauts, ni habitudes, tout ce qui sert à dépenser l'argent lui manquait. Il ne se connaissait aucun goût, aucune manie ; son avarice était d'une stérilité absolue. Il aimait l'argent pour l'argent. Avec son argent conquis, il faisait trop bon ménage ; il s'ennuyait ; son avarice n'était pas assez robuste pour lui donner le bonheur complet.

Ou plutôt, le véritable avare a besoin d'une passion coûteuse à combattre ; il faut cela pour la lutte nécessaire à toute existence. M, Bruant n'avait pas de passion. Quand il avait remué ses écus, tout était dit ; il ne leur voyait point cette paire d'ailes qui rend les écus bien plus chers. C'étaient toujours les mêmes écus. Jolis écus, mais qu'on ne craignait point de perdre.

M. Bruant n'avait, pour se divertir un peu, que ses vilenies. Il en faisait tant qu'il pouvait.

J'ai dit que l'intérêt avait été le premier mobile du désir de se marier, chez ce bizarre personnage, l'intérêt ou la peur de perdre, ce qui est tout un. C'est mon appréciation ; mais quel que fût le point de départ, le désir était solidement enraciné désormais, enraciné si bien, que la peur ne pouvait plus lui imposer silence.

— Monsieur Corbière, reprit-il, je vous mets

cent louis dans la main... cent louis... si vous voulez faire quelque chose pour moi. Ne vous fâchez pas, je sais que vous êtes un jeune avocat bien vertueux, mais c'est une bonne œuvre... une vraie bonne œuvre ; cela éteint des procès... et quand *elle* sera Mme Bruant, voyez-vous...

— *Elle* ne sera jamais M^m Bruant ! dis-je avec une impatience où se mêlait quelque peu de pitié.

— Deux cents louis, monsieur Corbière ! Il y a des jours où j'agis, où je parle comme un fou. Je m'y suis mal pris n'est ce pas ? Il fallait l'enlever, ça tombe sous le sens. Avec la fortune que j'ai... et toutes mes pièces en règle... Écoutez ! vous avez vu le jeune Chédéglise, je sais cela. On clabaude... on clabaude... Je suis capable de faire quelque chose pour ce garçon là, s'il veut quitter le pays.

— M. de Chédéglise ne quittera pas le pays.

— Oh ! Oh ! M. *de* Chédéglise ! répéta Bruant avec un timide sarcasme. Pourquoi pas tout de suite M. le comte? Comment gagne-t-il sa vie depuis qu'il n'est plus mousse? Vous verrez que la police se mêlera de tout cela, monsieur Corbière !

— Je le crains pour vous, monsieur Bruant, répartis-je aussi froidement qu'il me fut possible.

C'était la première menace. Il n'en comprit point la portée et me demanda d'un ton provocant :

— Les Bourbons seraient-ils revenus, cette nuit, en cachette par hasard ?

Toujours froidement, mais appuyant un peu plus sur les mots, je répondis :

— L'empereur, à votre avis, n'est-il pas assez puissant pour faire justice ?

—Bon ! bon ! murmura-t-il. L'Empereur connaît ses amis...

Puis, avec une sourde colère :

— J'ai acheté à la nation, monsieur ! j'ai mes titres en règle ! je suis ferré à glace... à glace ! Voyez-vous bien, vous êtes dans les clabaudages jusqu'au cou ! sans pièces, on ne peut pas soutenir un procès. Je joue cartes sur table, moi. Mes contrats sont chez M° Le Hordec, notaire à Lorient, et il y en a plein trois cartons... Oh ! mais ! Oh ! mais ! Je veux bien faire la charité à cet innocent, M. le mousse ou M. le comte ; mais si on me pousse à bout, morbleu !...

Il s'interrompit brusquement. Depuis une minute, je jouais avec la quittance de douze mille francs que je tenais pliée entre mes doigts. Il était de ceux que le papier timbré attire et fascine. Certes, il ne pouvait deviner l'étrange importance de cette pièce, mais elle lui sautait aux yeux, en quelque sorte; elle le troublait, il n'en pouvait détacher son regard.

— Monsieur Bruant, lui dis-je d'un ton qui le fit tressaillir, vous nous avez dépouillés cruellement. Voici longtemps que nous n'avons plus besoin de notaire, et nous pouvons nous passer de cartons pour serrer la seule pièce qui nous reste.

Je tenais la quittance entre l'index et le pouce. Je vis de grosses gouttes de sueur qui perlaient sous ses cheveux gris.

Ses prunelles, tout à l'heure incolores, mais qui maintenant avaient d'ardents reflets, essayaient de percer l'épaisseur du papier. C'était un regard de chat-tigre, et j'eus conscience un instant de n'être pas en sûreté vis-à-vis de cet homme.

Le papier disparut dans ma poche.

Il fit effort pour sourire.

— Je suis bon, grommela-t-il, je suis trop bon. Ils savent bien cela et ils me traitent comme un enfant. Est-ce pour me vendre ce chiffon que vous m'avez dérangé, monsieur Corbière ?

— Pas précisément, monsieur Bruant... et néanmoins, si vous en donniez un prix sortable...

— Qu'appelez-vous un prix sortable ?

— En argent, je ne sais pas, n'ayant point sous la main les éléments d'un pareil compte, mais, en nature, je vous demanderais le château de Keroulaz, ses dépendances, les futaies du Cosquer, les trois fermes du Mettray, le moulin de Locmener, la grande pêcherie de Kermoro et généralement tout ce que possédait avant vous l'illustre et honorable famille dont je viens de prononcer le nom.

M. Bruant, cette fois, se mit à rire.

— Voilà une bonne pièce ! s'écria-t-il, et qui vaut gros ! j'ai donné aux biens de Keroulaz une jolie plus-value, monsieur Corbière : ça va à quatre-vingt mille livres de rentes, savez-vous cela ? et j'en possède presque autant d'un autre côté avec l'ancien avoir des Penilis et autres. Le tout en règle. Pas un pouce de terrain qui n'ait son titre ! Je ne voudrais pas d'un million sans contrat ! Eh bien, eh bien, mon jeune ami, je ne déteste pas la plaisanterie ; on peut rire avec moi, et je vous invite à souper à l'hôtel de la *Corne de cerf*, où je suis descendu ; en êtes vous ?

— J'ai le regret de vous prédire, monsieur Bruant répondis-je, que vous ne serez pas en appétit ce soir.

Il fronça le sourcil et me regarda en face.

J'avais fait le premier pas, mesdames. Il fallait

aller de l'avant, mais Dieu sait ce que j'aurais donné pour avoir une heure de réflexion et tracer à tête reposée mon plan de bataille !

'Je n'hésite pas à déclarer, contrairement peut-être à l'honnêteté de vos impressions, que mon attaque était téméraire et folle. Au point de vue des affaires, cet homme était bardé de pied en cap, et je n'avais, moi, qu'une arme de hasard, bonne tout au plus à provoquer la révision d'un tout petit procès. Je parlais de millions et il ne s'agissait que de douze mille francs dans ma quittance.

A un point de vue plus élevé, quelle preuve, je dis même quelle preuve morale avais-je contre cet homme que mon instinct accusait d'assassinat ?

La fortune, dit-on, favorise les audacieux, mais encore faut-il que l'audacieux ne soit pas un extravagant appelant en duel, le fourreau vide à la main, un maître d'escrime qui brandit une épée.

— Monsieur Cordière, reprit le Judas avec calme, vous êtes beaucoup plus jeune que je ne croyais. Ceci n'est pas un mauvais compliment bien au contraire : la preuve, c'est que j'augmente mes offres, tant pour vous que pour vos amis et clients dont le sort m'intéresse. Je consens à doter le jeune Chédéglise, quoique je ne lui doive rien ; je m'engage à tester en faveur de Mlle de Keroulaz, par-devant notaire, s'entend, si Mlle de Keroulaz, comble mes vœux en devenant ma femme. Ainsi finiront toutes les contestations et... voyons, ne liardons pas : mille louis pour vous, monsieur Corbière, cela vous va-t-il ?

Mille louis d'un coup ! Ce pince-maille qui, tant en revenu qu'en gain de commerce, touchait plus de cent mille francs par an et trouvait moyen de ne pas dépenser mille écus ! Ce fut comme le son de trompette qui réveille l'ardeur engourdie du soldat.

— Monsieur Bruant, répliquai-je, poussé malgré moi dans cette voie aventureuse où j'étais entré un peu à l'aveugle, oseriez-vous demander la main de Mlle Jo Keroulaz à son père ?

— A son grand-père, voulez-vous dire ?

— J'ai voulu dire et j'ai dit : à son père, M. Yves de Keroulaz.

Le cercle de ses yeux se teignit de sombre.

— Il est mort... balbutia-t-il.

Je tirai pour la seconde fois de ma poche la quittance, et je la dépliai lentement.

Ce fut comme un voile livide qui tomba sur son visage. Il répéta pourtant, sans avoir conscience de ce qu'il disait :

— Il est mort... bien mort !

Ces gens ont la mémoire du papier timbré

comme les brocanteurs se souviennent d'un tableau, ou les maquignons, d'un cheval. Au premier coup d'œil, il avait reconnu la quittance, que je lui montrais pourtant à distance respectueuse.

Il resta un instant comme frappé de la foudre, puis il frotta ses paupières injectées de rouge, et tout son corps eut un mouvement convulsif.

— Vous voyez, dis-je, que j'avais mes motifs pour vous déranger, monsieur Bruant.

— Clabaudages! fit-il par habitude, clabaudages! j'ai des ennemis... Tous les ci-devant sont ligués contre les patriotes, mais je suis en règle. Laissez-moi examiner cela.

Il mettait déjà ses lunettes. Je refusai catégoriquement de lui confier la quittance.

— Alors, c'est un faux! s'écria-t-il. D'où cela sort-il?

— Ce n'est pas un faux, et vous le savez

bien, monsieur Druant. Regardez attentivement ; M. Yves de Keroulaz passe pour s'être noyé il y a quatre ans. Ce papier a-t-il l'air d'être resté sous l'eau pendant quatre années ?

Le Judas jeta sournoisement un regard rapide autour de la chambre. Ses yeux sanglants roulaient et il ressemblait à une bête fauve qui va s'élancer, mais il était moins terrible au fond qu'en apparence et je ne peux pas me vanter d'avoir eu la moindre lutte à soutenir. J'ai vu cela plus d'une fois dans ma carrière, mesdames : un coquin enrichi manque de courage comme un loup repu.

Il voulut parler, et sa voix resta dans sa gorge ; il essaya de se lever et retomba sur son siége, en proie à une terrible attaque de nerfs. Nul ne peut savoir ce qu'il m'eût accordé en ce premier instant d'épouvante.

Me voilà donc dans cette singulière position

d'être l'hôte forcé de mon Judas. L'attaque de nerfs fut suivie d'une longue syncope. Je mis la maison sens dessus dessous ; des médecins furent appelés, et M. Bruant coucha dans mon propre lit.

Vers deux heures après minuit, je m'étais jeté sur un matelas, à côté de ma table de travail, et je cherchais en vain le sommeil, malgré ma fatigue extrême. J'étais tourmenté plus que je ne puis le dire ; je me demandais laborieusement ce qui pourrait résulter de tout ceci. Le premier mouvement de bravoure était passé : je jugeais sévèrement et justement mon escarmouche que l'impromptu seul pouvait excuser. Toute cette histoire me semblait désormais un roman mal fait, dont l'absurde agencement ne pouvait pas avoir une chute heureuse.

Et cependant mon instinct, sinon ma raison, s'obstinait à voir au fond de cette mêlée des éléments de victoire. En tous cas, mon hésitation n'allait point jusqu'à concevoir seulement la pensée d'abandonner mes amis Keroulaz. La quittance n'était plus pour moi une pièce valant douze mille francs ; au fond même de mon embarras, je voulais mes millions ou rien. Le sort en était jeté.

La sonnette de ma chambre à coucher retentit faiblement dans le silence nocturne. J'entendis le bruit d'un pied nu dans le corridor, et la voix effrayée de Goton me dit tout bas :

— Dormez-vous, monsieur Corbière ?

— Qu'y a-t-il, demandai-je en sautant, tout habillé que j'étais, sur mes pieds.

— C'est le monsieur de Lorient qui a le grolet (le râle) de la mort et qui ne veut pas de prêtre. Madame est avec lui qui le prêche, mais il dit comme ça qu'il n'y a pas de bon Dieu. Il veut vous voir.

Je ne fis qu'un bond jusqu'à ma chambre à coucher, où M. Bruant ne râlait pas du tout, mais bien se lamentait en criant que c'était sa dernière heure. Il voulait, disait-il, me faire sa confession avant de mourir.

J'ai ouï prétendre par les voyageurs que les crocodiles ont aisément la larme à l'œil. Personne ne pleurait plus volontiers ni mieux que M. Bruant. Dans les livres de cette époque, vous savez comme on abuse de cette alliance de mots : les cœurs sensibles. Eh bien ! notre Judas était de la confrérie des cœurs sensibles, dont Jean-Jacques Rousseau est le président, et qui eut l'honneur de compter Marat parmi ses membres les plus humides.

Il fondait en eau quand j'entrai ; je lui trouvai néanmoins assez bon visage, et je rassurai maman Corbière, qui croyait sentir déjà une odeur de soufre autour de lui.

— Vertueux jeune homme ! s'écria M. Bruant dès qu'il me vit, je suis bien près de mon dernier soupir. Je m'incline devant l'Être suprême, mais ma raison repousse tous ces dogmes, inventés par des pontifes astucieux...

— Entends-tu, garçon ! s'écria ma mère. Il est roussi à fond !

Je lui fis signe de sortir et je dis au Judas :

— Nous voilà seuls : pas de phrases. Si vous avez une révélation à me faire, faites.

Après avoir poussé deux ou trois longues plaintes, il étancha ses paupières, qui coulaient comme deux fontaines, et commença ainsi :

— Monsieur Corbière, j'ai été mal jugé, croyez-moi, la parole des mourants est sacrée. Mon ambition était de réparer les torts de la fortune envers une famille respectable qui ne s'est pas bien conduite avec moi. Je ne suis pas né sous des lambris dorés, et les convenances d'âge n'y sont pas, j'accorde cela ; mais, à part ces deux circonstances, indépendantes de ma volonté, j'ai vécu et je meurs digne de Mlle Jeanne de Keroulaz, à qui, si l'Eternel me prête vie, je veux faire don de toute ma fortune.

Ce disant, il s'accouda sur son lit et me regarda d'un air si étrange, que je reculai mon siége involontairement. Déjà, dans la soirée, j'avais cru apercevoir en lui des symptômes de dérangement intellectuel, mais ce regard parlait tout haut de folie.

— Toute ma fortune ! répéta-t-il avec emphase. Que dites-vous de cela, monsieur Corbière ? vous ne dites rien ? Parbleu ! Et j'ajoute que je suis à bout de patience... et qu'on me forcera à prendre une autre femme ! et que la jeune personne alors n'aura pas un sou de moi ! pas un sou ! pas un traître sou ! Croit-on que je sois en peine de trouver un parti? Le croit-on? Qu'on le dise!

Il s'arrêta comme pour attendre ma réponse. J'en cherchais une qui fût désormais en rapport avec sa situation mentale apparente, lorsqu'il poursuivit brusquement:

— Des mendiants, mon cher monsieur, voilà ce que c'est! Pas l'ombre d'une ressource! Vous me faites rire avec votre quittance! Je distingue un papier faux d'une lieue, moi, voyez-vous! Triste affaire! Vous êtes dans le pétrin jusqu'au cou! Savez-vous ce qui arriverait si vous vouliez m'assassiner? Avant d'entrer chez vous, j'ai fait ma déclaration au commissaire de police. Et j'ai dit aux deux médecins qui m'ont tâté le pouls ici: Méfiance! il y a un coup monté contre moi. Tout ça vous étonne. Hé! hé! on prend plus de mouches avec du miel qu'avec du vinaigre. Si la quittance n'était pas fausse, elle porterait des traces d'eau de mer. Il fallait être gentil à mon égard et me donner la demoiselle. Ça saute aux yeux ! Vous êtes roulé.

J'étais abasourdi. M. Bruant, qui avait en ce moment la figure d'un homme ivre, se mit à battre des mains et à chanter la *Marseillaise*.

Puis il reprit d'un ton comparativement calme :

— S'il était vivant, vous me l'auriez montré, jeune homme, c'est clair ! On vous aura dit que j'étais fou ? Va-z-y voir ! S'il était vivant, vous l'auriez fait sortir de quelque trou, comme un diable d'une tabatière, pour m'épouvanter. Et qui sait si je n'aurais pas trouvé réponse, même à cela ? Je suis rusé comme un singe, hé ! hé ! vous verrez bien ! Pas plus fou que vous, dites donc ! Voulez-vous parier trois francs que tout s'arrangera, en fin de compte, et qu'elle sera Mme Bruant bel et bien ? C'est mon idée ; quand j'ai une idée, je n'en démords pas, c'est moi qui vous le dis !... Et vous aurez perdu mille louis avec une caisse de vin d'Espagne !

Je ne savais plus que penser. Il y a des folies qui raisonnent. Les yeux du Judas devenaient hagards de plus en plus, mais son effrontée divagation était pleine de logique, et sous le décousu de sa parole il y avait une argumentation serrée.

— Avez-vous sommeil, monsieur Corbière ? me demanda-t-il tout à coup en fixant sur moi sa prunelle moqueuse. Moi, je ne cache pas que je passerais bien encore une petite heure à causer avec vous. Rapprochez votre chaise, pour écouter la confession d'un mourant.., hé ! hé ! c'est curieux... Je n'ai confiance qu'en vous et je ne voudrais pas d'oreilles indiscrètes derrière les portes. Je n'ai jamais dit à personne comment se fait la pêche du poisson d'or. Ce sera pour vous tout seul. Y êtes-vous?

Son sourire essayait toujours de railler, mais un voile de pâleur tombait sur son visage. Je rapprochai mon siége et je dis :

— J'y suis.

Un instant je pus croire qu'il allait reculer, car il hésita visiblement et ses paupières vibrèrent avant de se baisser. Mais elles se relevèrent ; ses yeux gris avaient changé d'expression et brillaient d'un feu sombre.

— Chacun son tour! commença-t-il d'une voix très-basse et avec un singulier accent de résolution. J'ai été domestique. Les chiens aiment leur maître : je ne suis pas un chien. On dit que les Penilis étaient bons pour leurs serviteurs. Est-ce que je sais? Quand j'étais tout petit, chaque fois qu'un cheval ruait devant moi et jetait bas son cavalier, je disais : C'est bien fait ! S'il allait plus loin, écrasant la tête d'un coup de pied, je criais : A la bonne heure ! Mais c'est tout ; le cheval qui se venge de son maître ne peut pas prendre sa place et devenir cavalier à son tour. Ce n'est jamais qu'un cheval.

Il n'y a que l'homme pour se venger comme il faut. La vengeance, c'est d'hériter. Pendant dix ans, j'ai rêvé de coucher dans les draps du comte de Chédéglise.

Voilà le poisson d'or, c'est d'être riche avec l'argent de ceux qui vous ont humilié. On le pêche comme on peut. Moi, j'y ai risqué ma peau bravement. Qu'ils fassent moitié de ce que j'ai fait, ceux qui m'appellent propre à rien ! Et ceux qui me traitent de fou, qu'ils essayent de jouer mon jeu !

Combien payeriez-vous la présence d'un témoin, monsieur Corbière ? Vous entendrez cela tout seul : j'ai acheté les biens de Chédéglise à ma manière. C'est le couteau, ce n'est pas l'hameçon qui pique le poisson d'or ! Allez m'accuser devant les juges, ils ne vous croiront pas. Vous êtes seul : j'ai de l'argent. Jamais je ne me suis si bien amusé que cette nuit. Vous saurez tout, et ce sera comme si vous ne saviez rien. Dites un mot, et vous allez en prison ! Pas si fou, hein ? J'aurai Mlle Jeanne ; les Keroulaz ont été insolents avec moi au temps jadis. A la revanche !

Dieu m'a vu. Il n'a donc ni bras ni jambes, puisqu'il ne m'a pas puni ! Au commencement, j'ai eu peur de Dieu. Bêtise ! mettez Dieu avec votre quittance, et n'en parlons plus !

Il eut un rire rauque, et continua sans s'arrêter :

— Avez-vous ouï dire, jeune homme, que j'étais bon nageur ? Ce n'était rien que le Penilis, car il ne se défiait pas de moi. La tempête, voilà l'ennemi ! Quand je fus dans la plate du sous-brigadier, mes mains étaient plus froides que le marbre, et je tremblais comme la feuille en pesant sur mes avirons. Il fallait doubler la pointe de Gavre. J'aurais donné la moitié de l'affaire à Seveno pour l'avoir sur le banc derrière moi. Une plate, ça ne gouverne pas par le gros temps. C'est égal ! va toujours ! J'allais.

Doublée la pointe ! c'était pourtant bien facile au bon Dieu de m'arrêter là, dites donc ? Je vis et j'entendis Seveno qui me hélait de la grève. Tâche ! Le fils aîné de Chédéglise m'attendait sur l'autre grève, entre Loc-Malo et le château. Il voulait émigrer. Croyez-vous que j'aurais favorisé la fuite d'un traître à la patrie ? La frégate anglaise peut croiser au vent de Groix. Hé, hé ! le Chédéglise emportait le restant de ses écus. Je hêlai :

— Ho hé ! notre monsieur !

— Est-ce toi, Bruant ?

— C'est moi : embarque !

Le feu de Loc Malo brillait rouge, et quand la lune se dégageait d'un nuage, je voyais le clocher de Plouhinec pointu comme un poignard. Ma tête brûlait, j'avais du sang dans les yeux : c'est égal ! va toujours ! J'allais.

Il me dit ?

— Attention ! prends le sac de cuir, mon ami Bruant.

Il était dans l'eau jusqu'aux reins, car la plate ne pouvait pas accoster. Je pris le sac ; il pesait lourd. Embarque !

— Garçon, nous aurons du bonheur, si nous pouvons doubler les Chats cette nuit !

Les Chats, c'est la pointe Est de Groix ; je ne comptais pas aller si loin que cela.

— Vous donnerez un coup de main, notre maître, et nous doublerons le diable !

Il s'assit devant moi, nous commençâmes à tirer. Quelles lames ! La mer flamait : avez-vous vu ça quelquefois ? Nos avirons trempaient dans du feu : un feu blanchâtre et livide. La plate craquait. Va toujours ! c'est égal ! J'allais.

Le sac était au fond du bateau. C'est noir, le cuir, et c'est épais. Comment se fait-il que je voyais l'argent reluire au travers ?

Je le touchais avec mon pied et cela me donnait la fièvre. Je dis au Chédéglise :

— Allumons ! nous sommes encore dans les eaux de Gavre. Hardi, à moi, là ! poussons ! la lame sera plus longue une fois la pointe doublée et, dans une heure, nous aurons courant de jusant, Ferme !

Il tirait de son mieux, et moi, donc !

Ferme ! En poussant, mon pied avait glissé

sur le sac de cuir, où les louis d'or parlèrent. Avais-je besoin de cela ? J'étais derrière le Chédéglise, je me levai sur mes deux jambes, et, reculant jusqu'à l'avant de la plate, je lui déchargeai un coup d'aviron sur le crâne... Vous vous attendiez à cela, monsieur Corbière ? Il y a des lois contre les calomniateurs. Essayez de faire croire aux conseillers de la Cour impériale que je vous ai moi-même raconté cette histoire ! Essayez !

Le Judas s'arrêta. Il eut un rire sec et pénible. Il y avait des instants où je doutais encore, ne sachant si c'était forfanterie ou démence.

Il avait raison, du reste, de le dire : je m'attendais à cela. Et pourtant, je croyais faire un mauvais rêve. L'horreur figeait mon sang dans mes veines.

Le regard de M. Bruant était maintenant fixe et froid.

— Après m'avoir entendu, poursuivit-il avec lenteur, vous saurez mieux à qui vous avez affaire. Ce que j'ai fait pour gagner ma fortune vous dira ce que je puis faire pour la garder. Je n'ai pas fini. Essayez ! Il n'y avait pas de témoins là-bas, il n'y a pas de témoins ici. Quand j'agis ou que je parle, il n'y a jamais de témoins.

Je ne me vante pas: j'étais un bon nageur, vous allez voir ! Aussitôt que mon aviron ne fit plus contre-poids à celui de Penilis la barque vint en travers et fut remplie en un clin d'œil. Le roulis violent qui eut lieu dérangea mon coup; le tranchant du bois tomba sur l'épaule du ci-devant et la brisa. Il se retourna en criant. Je voulus redoubler, mais je glissai dans l'eau et m'en allai à la renverse; la barque ne coula pas tout de suite; il eut le temps de se jeter sur moi. Sa main serra ma gorge; une lame nous sépara, submergeant la misérable plate. Est-ce le bon Dieu qui fit cela, jeune homme ? Alors, il est pour moi.

Le sac de cuir ! hé, hé ! Le vent avait sauté ; nous dérivions vers l'est ; nous étions à une demi-lieue de terre. Un jeu d'enfant, n'est-ce pas, pour un vrai nageur ? oui, mais le sac ! et le jusant venait qui allait nous pousser au large ! Songez à cela, monsieur Corbière !

Au moment où la plate sombrait, je saisis le sac à deux mains et je coulai ; l'idée de m'aider me vint quand j'eus besoin de respirer. Jusque-là, j'avais embrassé le sac comme un noyé s'accroche à ce qu'il tient. Le sac était lourd, mais je remontai d'un seul effort, et je vis Penilis qui se débattait d'une main : l'autre était morte. Penilis était mon élève, c'est moi qui le menais baigner quand il était enfant. S'il avait eu ses deux bras, cette nuit, j'aurais eu de la peine, car le sac me pesait, et, pour ma vie, je n'aurais pas lâché le sac, maintenant qu'il était à moi. Il y avait sur la lune des nuages épais comme une muraille ; la pluie commençait à tomber en larges gouttes, et des zigzags de feu déchiraient le ciel. Oh ! oh ! cette nuit-là m'est restée, et je peux bien dire que je suis un bon nageur ! Je n'ai pas gagné mon argent à la loterie, non !

Un éclair me montra Penilis à vingt brasses de moi ; il tournait comme un poisson blessé, mais de l'autre côté de lui un aviron flottait, et il essayait d'atteindre l'aviron. J'eus beau faire, il toucha l'aviron avant moi et parvint à le passer sous son bras malade : comme cela, il ne tourna plus.

Je l'aurais laissé mourir tranquille, si je n'avais pas eu besoin de l'aviron.

J'attendis l'éclair ; il fut longtemps à venir.

Les deux feux de Groix nous regardaient comme une paire d'yeux, et il me semblait bien que nous dérivions toujours au large. Il ne fallait pas que l'attente fût trop longue.

Savez-vous ? Penilis me croyait mort, car je l'entendis qui disait : « Dieu l'a puni. » Je ris quand j'y pense ! Je nageais debout pour prendre mon couteau dans ma poche. Dès que je l'eus, je l'ouvris avec mes dents.

Bien sûr, monsieur Corbière, si vous racontiez la chose à l'innocent de Vincent, il ferait un mauvais coup contre moi, et je serais débarrassé de lui à tout jamais. C'est mon rival, hé, hé ! je tiens à Jeanne comme je tenais au sac de cuir.

Depuis que le monde est monde, on n'a pas vu ce que vous voyez : un homme qui se met le cou sous la guillotine. Hé, hé ! je vous défie de tirer la ficelle. Ça brûle, monsieur Corbière.

Il n'y a pas seulement un tout petit endroit pour la prendre !

L'éclair vint, je mis ma tête sous l'eau. Avez-vous vu tomber le tonnerre ? Ils disent que Dieu dirige la foudre : failli canonnier alors, car j'étais là, et il me manqua ! le tonnerre tomba à trente brasses de moi. J'eus peur, mais qu'est-ce que cela fait ?

Le tonnerre ne tombe pas deux fois à la même place ; je me coulai jusqu'à Penilis et je lui donnai de mon couteau dans l'estomac. Il poussa un grand soupir et dit : « Mon Dieu, ayez pitié de moi. »

Toujours Dieu qu'on invoque et qui n'entend pas !

J'avais l'aviron, je mis la sacoche à cheval dessus, et je nageai tranquillement vers Gavre. L'Anglais tira trois coups de canon pour presser celui qui était en retard, mais Penilis avait fait son dernier voyage. C'était bien changé, depuis le temps où je cirais ses souliers, dites donc? Bien changé, oui. Bonsoir, Penilis en breton, Chédéglise en français, bonsoir, mon maître !

Le moment était fameux ; ils vendaient beaucoup de terres pour peu d'argent. Mon poisson d'or et moi nous arrivâmes à la grève. Dieu dormait. J'achetai un domaine de prince.

A bas les priviléges des nobles, monsieur Corbière ! A bas les priviléges des prêtres et tous les priviléges, excepté les miens ! J'ai cinquante mille écus de rentes au soleil. J'en aurai cent mille dans dix ans. Qui s'y frotte s'y pique ! Hé, hé ! Voilà le jour qui vient et je vais m'en aller tranquille.

Il se leva avec un calme si insolent, que je renonce à le peindre.

Je ne tenterai même pas non plus, mesdames, de vous dire la figure que je faisais en écoutant cette incroyable bravade. Il y a dans la campagne bretonne une effrayante histoire qui ne doit pas être vraie, mais qui court : l'histoire d'un cynique bandit venant dire à un jeune prêtre, sous le sceau de la confession, comme quoi il avait déshonoré, ruiné et tué par le chagrin son père et sa mère : J'entends le père et la mère du jeune prêtre. C'est horrible à penser. Eh bien, j'étais dans la position du jeune prêtre. Nul vœu ne fermait ma bouche, mais je ne pouvais pas parler. Le scélérat avait mille fois raison dans son extravagante audace. A quoi bon parler ? Quelle créance espérer ? Comment persuader aux juges ou au monde que l'assassin était venu chez moi, avocat de ses victimes, tout exprès pour me confier son sanglant secret ?

J'étais garrotté, j'avais un bâillon ; l'idée de

mon impuissance me poignait à tel degré, qu'à mon tour j'aurais été peut-être capable d'un acte de folie. Je ne connais guère de vie plus paisible que la mienne, mesdames, et pourtant il ne faudrait pas me demander ce que j'eusse fait si le démon, à cette heure de fièvre furieuse, m'avait mis un pistolet chargé dans la main.

Il n'y avait plus trace de malaise chez M. Bruant, qui se portait comme vous et moi. Il fredonnait en rajustant les plis de son ample cravate, et se regardait dans son miroir avec la complaisance d'un bon bourgeois qui fait sa toilette.

— Une autre fois, reprit-il en venant à moi pour prendre congé, je vous dirai la petite anecdote de la quittance... l'affaire de M. Yves Keroulaz... hé, hé !... ça ne manque pas non plus d'intérêt. A tous ces gens-là, il faut tenir la tête au-dessous de l'eau. Mais c'est assez pour aujourd'hui. Bien le bonjour, monsieur Corbière.

Il me salua fort poliment et se dirigea vers la porte.

Avant de passer le seuil, il hésita, puis il se retourna vers moi, qui restais comme pétrifié. Son regard était craintif et cauteleux ; il eut un rire contraint : évidemment sa pensée venait de tourner.

— Vous avez bien compris, n'est-ce pas, jeune homme ? murmura-t-il. Pas un mot de sérieux dans tout cela : histoire de plaisanter, hein ? Je n'ai jamais fait de mal à une mouche. Je vous ai rendu seulement la monnaie de votre pièce pour la fausse quittance que vous m'avez montrée, car elle est fausse, ce n'est pas ma signature. Peine perdue de jouer ce jeu-là avec moi ! Les morts ne reviennent pas... et Jeanne de Keroulaz sera ma petite femme, et nous finirons par nous entendre nous deux le grand papa... hé, hé, hé, j'en réponds !

Il poussa la porte. Je pus suivre son pas dans mon corridor, tandis qu'il allait répétant doucement :

— Bien le bonjour, bien le bonjour ! histoire de plaisanter... Pas un mot de vrai dans tout cela, comme de juste !

V

Je passai la journée entière qui suivit dans mon cabinet, continua M. de Corbière après une courte pause, la tête entre mes mains, cherchant un plan d'attaque impossible. Je ne voulus voir personne, pas même ma mère. Le soir venu, je me sentis effrayé en sondant le vide de ma cervelle : j'étais aux trois quarts fou.

J'entrai dans des accès de rage en songeant à ces aveux perdus de l'assassin, que nulle oreille excepté la mienne n'avait pu recueillir. La voix du Judas me revenait comme la tyrannie de certains refrains, et répétait autour de moi : « Je lui donnai de mon couteau dans l'estomac. »

Cela n'était pas vrai, non ! L'horrible sang-froid du narrateur démentait ses paroles. Il n'y a pas de semblable perversité.

Mais la fin ? Histoire de plaisanter ! Le regret d'en avoir trop dit, même à un témoin qui avait la langue paralysée ! Oh ! cela était vrai ! tout était vrai !

Comment faire ? Comment forcer les autres à croire ce dont, par instants, je doutais moi-même ?

Moi qui avais la preuve ! moi qui ne pouvais fournir à autrui aucune preuve !

Comme je n'avais rien pris depuis la veille au soir, ma mère et ma femme vinrent me chercher, à l'heure du souper, et m'entraînèrent d'autorité dans la salle à manger. Ici commença une autre comédie : maman Corbière avait vu dans la journée le curé de la paroisse de Toussaints, et le premier vicaire était venu rendre visite à ma femme.

— Vois un peu comme on fait des jugements téméraires, fils, me dit la maman : ce M. Bruant est un homme charmant !

— Un peu original, ajouta ma femme en se touchant le front, et qui, dans ces moments-là, parle un peu à tort et à travers... mais un saint, au fond !

— Un saint ! répétai-je.

— Écoute donc, reprit la mère, il paraît que les Keroulaz ne sont pas le bout du monde, et pour quatre homards que t'a donnés ce petit pataud de Chédéglise...

Je lançai un maître coup de poing à la table.

C'est le seul que j'aie eu à me reprocher depuis ma naissance, mais il faillit me briser les doigts.

Maman Corbière, mesdames, était une excellente et généreuse créature, et M. le curé qui l'avait endoctrinée était aussi la perle des bons cœurs !

Je devinai, dès cette première minute, je vis le flot des influences prêt à monter autour de moi et à me submerger. M. Bruant n'avait pourtant passé qu'une journée à Rennes, mais pendant que je me brûlais le sang dans mon cabinet il avait travaillé.

— As-tu confiance en M. le vicaire ? me demanda ma femme avec un commencement d'aigreur.

Et ma mère solennellement :

— Je suppose que tu n'en es pas à te défier de notre curé !

Maman reprit :

— D'abord M. Bruant a fait cadeau d'un ornement !

Pendant que ma femme ajoutait :

— Et il a laissé un billet de mille francs pou[r] les pauvres !

— Ah bien ! ah bien ! s'écria Goton, qui fi[t] dans la salle à manger une entrée tumultueus[e] (le mot ne s'applique qu'à une foule, mais Go[-]ton, à elle seule, quand elle voulait, était tout[e] une cohue), ah bien ! ah bien ! ah bien ! mi[-]sère ! Jésus Dieu, sauveur du monde ! Voilà en[-]fin un client comme il faut, celui-là pour sû[r] et pour vrai ! c'est M. Fayet, le bedeau de l[a] paroisse, qui sort de ma cuisine, et qu'il se re[-]proche bien de nous avoir engantés de ce Ke[-]roulaz ! Il a dit : « Je parie que, de ce côté-là M. Corbière n'a pas eu encore une pièce de qua[-]rante sous. Attends voir ! Les autres avocats c'est tous lèche-plats, comme procureurs vo[-]leurs, qu'a dit M. Fayet. Mais M. Corbière es[t] trop bon de moitié. Viendront les vieux jours, et qui amènera l'eau au moulin? Fais ta pelote, pendant que tu es jeune, on ne travaille qu'un temps. » Et quoique ça, M. Fayet a raison tout de même. Et pour quant à ce râpé de Keroulaz, *dépiotez* un galeux, vous trouverez les petites bêtes sous le cuir. Pas d'hommes ruinés sans le vice ! Et que ce M. Bruant a donné vingt-cinq louis d'or pour les crèches ! cent bonnes pièces de cent sous ! et que les pauvres l'ont conduit jusqu'à la diligence en triomphe !

Ici seulement elle reprit haleine, mais ce fut pour proclamer:

— Le cher homme ! il n'est pas cause qu'on clabaude, et d'avoir un petit grain... que dans ses attaques, il parle un peu à tort et à travers des prêtres et de tout.... mais, au fond, c'est un saint, quoi, qu'a dit M. Fayet, un vrai saint de niche !

Notre tante, la bonne religieuse de la Providence, vint nous faire une visite ce soir. Je dus entendre un quatrième et onctueux panégyrique de M. Bruant, qui avait laissé je ne sais quoi à la communauté.

Mesdames, depuis le collége, j'ai toujours passé pour un fervent chrétien. Ma dévotion m'a même fait bien souvent jeter la pierre par ceux qui prêchent la tolérance libérale à bras raccourci, mais voilà que j'étais débordé de tous côtés ! Je glissais bien malgré moi, dans le camp païen, puisque J. B. Bruant devenait article de foi. On l'a dit souvent, et, certes, je ne veux pas appuyer là-dessus : rien n'est facile à tromper, rien n'est difficile à détromper comme les gens pieux. Cela prouve la bonté de leur âme, mais garez-vous, à l'occasion.

En quittant le salon de ma mère, j'avais la tête brûlante, je sortis pour prendre l'air ; à dix pas de notre porte, un bras se glissa sous le mien et une voix amie me dit :

— Corbière, Corbière, vous vous engagez dans un chemin glissant! Êtes-vous bien sûr de ces Keroulaz? Et ce roman du mousse gentilhomme, qu'est-ce que tout cela?

C'était un de mes camarades de l'École de droit, B***, qui était substitut du procureur impérial et que ses talents ont élevé depuis aux premiers grades de la magistrature. Nous avions conservé ensemble des relations très-étroites, et je le regardais comme mon meilleur ami.

— Enfin! m'écriai-je, voici quelqu'un avec qui discuter; c'est un véritable soulagement pour moi que de vous expliquer...

— Expliquer quoi? interrompit-il. Je ne suis pas ici sur mon petit tabouret d'apprenti avocat général. Je vous parle en ami, Corbière! La Cour s'étonne de votre entêtement dans cette affaire. Le tribunal de Lorient n'est pas très-fort, et nous lui donnons parfois les étrivières, mais ici, c'est clair comme deux et deux font quatre, mon vieux Corbière, c'est simple comme bonjour. Que diable ! quand on a acheté et qu'on n'a pas quittance...

— Mais si on a quittance ?... dis-je.

— Elle a mis un an à pousser cette graine-là ! fit-il en ricanant.

— Ne peut-on retrouver un objet perdu ?

— Si fait, si fait ! Ecoutez donc, Corbière, chacun a sa conscience, mon bon. Je vous crois un parfait honnête homme... N'y a-t-il pas une jeune personne là-dedans ?...

Il m'adressa cette question négligemment. Je rougis de colère.

— Bien ! bien ! continua-t-il : très-charmante, à ce qu'on dit... Mais vous êtes le parangon des époux, Corbière !

Il reprit après un silence, car je n'aurais pu répondre de sang-froid :

— Voilà, mon bon, c'est drôle, que voulez-vous? Je n'ai pas besoin de vous apprendre que l appel est vu de mauvais œil. M. Bruant a beaucoup plu au premier président et, à l'heure qu'il est, il achève de raconter son histoire chez le procureur général. C'est prodigieux cette histoire, mais c'est vrai. On n'invente pas ces choses-là. Il a un succès fou : ces dames se l'arrachent... d'autant qu'il s'avoue lui-même un peu...

Au lieu d'achever, il se toucha le front comme avait fait ma femme.

— C'est étonnant comme les dames aiment la fêlure, ajouta B***, qui était un observateur. Montez-vous au cercle? Non. Je vous quitte, Réfléchissez, croyez-moi : la quittance a mauvaise odeur.

Les commencements de l'avocat ont leur histoire dans un seul mot : la lutte. Cette lutte est pénible toujours, souvent cruelle. J'avais, jusque-là, subi le sort commun, et j'affirme que je ne dormais pas sur un lit de roses, mais je ne me souviens point d'avoir éprouvé deux fois le même découragement. Il n'y avait en moi qu'amertume: j'étais vaincu avant d'avoir entamé la bataille ; mon adversaire ne m'avait pas encore porté le premier coup que déjà j'étais désarçonné.

Ce soir, il m'apparaissait comme un colosse de diabolique astuce. Je ne me rendais pas compte de ce fait, que la popularité est un jeu de pair ou non et que mon Judas avait en outre, parmi ses cartes, cet atout éternellement victorieux qu'on appelle million. En somme, je le connaissais, ce prétendu diplomate ; il avait bien sa valeur pour le mal, mais j'en avais rencontré cent plus forts que lui. C'était un homme illettré, qui mentait mal et grossièrement, un charlatan de bas étage, maladroit quand il n'était pas insensé.

J'étais jeune, mesdames ; j'ignorais encore, paraîtrait-il, le prix de la grossière imposture. Pour mentir, il ne faut pas être trop subtil.

Quant à sa folie, je ne prendrais pas même la peine de noter cet axiome banal, que la folie peut devenir un précieux instrument, si l'utilité de la sienne ne sautait aux yeux d'une manière frappante.

Sa folie, c'était la vraisemblance même du naïf roman qu'il donnait comme étant une biographie.

Sa folie expliquait tout dans son présent, après avoir, en quelque sorte, homologué son passé.

Il y a bien mieux : sa folie garantissait son avenir.

Supposez en effet l'impossible, supposez qu'il me fût permis un jour de mettre en usage l'arme dérisoire que son effronterie m'avait donnée, supposez que je pusse exposer publiquement, dans toute sa hideuse réalité, le drame de cette nuit où il avait pêché le poisson d'or. Folie !

Folie, lors même qu'on eût établi sur preuves irréfragables que l'aveu était sorti de sa propre bouche. Folie double, triple ! folie curieuse ! folie à montrer pour deux sous !

Ma nuit, comme ma journée, se passa en face de Bruant, qui était mon idée fixe. J'avais la tête sur l'oreiller où il avait reposé la sienne, et cela me causait une superstitieuse frayeur. Il emplissait la solitude de ma chambre ; je le voyais et je l'entendais si parfaitement, que, plus d'une fois, ma bouche s'ouvrit pour lui parler et prendre revanche de mon mutisme de la veille. Si, par hasard, vaincu par la fatigue, je tombais dans un engourdissement de quelques minutes, Bruant venait, Bruant le matelot, apportant la barque du sous-brigadier de la douane et la nuit de tempête. Nous nagions tous deux, moi devant, lui derrière, et je sentais le fendant de son aviron suspendu sur mon crâne. Je criais alors comme un désespéré, et Goton venait m'éveiller, disant :

— Monsieur Corbière, eh ! là ! c'est un rosaire qu'il faut pour les âmes du purgatoire.

D'ordinaire, c'était là mon remède : prier quand je souffrais ; mais, cette odieuse nuit, je ne pouvais pas ; je cherchais, je me torturais la cervelle ; j'inventais, pour exterminer le Judas, des machines dans le genre de sa propre histoire ; moi qui suis à l'eau comme un chien de plomb, je me battais avec lui au fond de la mer. J'avais la fièvre chaude.

Et pourtant ce fut cette nuit que me vint, je ne dirai pas une idée, mais un vague crépuscule d'idée. Certes, avec un pareil homme, il n'y avait pas de ménagements à garder ; d'ailleurs, quand l'avocat a cette opinion que la justice se trompe ou va se tromper, le droit naît pour lui d'agir à outrance. M. Bruant était fou à un certain degré qui devait aller croissant : ne pouvait-on le prendre par sa folie ?

Je ne me flattais pas de le connaître en détail, mais j'entrevoyais assez bien la masse de son caractère. D'une manière quelconque, il allait abuser de son triomphe et me berner vaincu ; j'étais sûr de cela. Quelques jours après, en effet, je reçus de lui la lettre suivante :

« A Monsieur Corbière, avocat, de Rennes, en mains propres.

« Mon cher monsieur, la présente est pour vous remercier avec reconnaissance des propositions que vous m'avez faites concernant la régie des biens de ma fortune. Je vous aurais pris à mon service volontiers sans quoi que j'ai ce qu'il me faut en une personne de confiance. Pour tant qu'à la fausse quittance, je vous réitère que je ne l'achèterai pas un sou, ne reconnaissant pas ma signature (pour cause que je n'ai pas pu signer à aucune époque de ma carrière un reçu de ce que je n'ai pas encaissé), mais je vous donne le certificat que vous êtes un honnête homme, plus trompé que trompeur, et n'ayant pas usé de violence avec moi pour me forcer à transiger, comme cela se dit dans les sociétés, à Rennes. Si vous aviez fait comme moi, n'écoutant jamais les clabaudages des calomniateurs, vous ne vous seriez pas mis dans l'embarras et les mauvaises connaissances. Il est encore temps de m'imiter avec toutes les pièces et toujours en règle, malgré ma cruelle maladie de ma tête, que je perds temporairement. Je vous envoie une caisse J. B., contenant quarante bouteilles de vin d'Espagne, pour vous récompenser des soins de votre hospitalité, que ma cruelle maladie m'a mis dans le cas de vous déranger, et je vous salue avec politesse.

B. BRUANT. »

« *P. S.* — Ayez l'obligeance de faire savoir à M. le premier président et à M. le procureur général que je n'accepterai pas leurs aimables invitations, ne comptant pas prendre la peine de venir à l'audience d'appel, comme quoi ça sera bien jugé sans moi par-dessous la jambe, dépourvu de fondement. »

Je la connaissais, la caisse J. B.! Et vous aussi, mesdames. C'étaient les mêmes bouteilles du même vin d'Espagne. Le coquin avait de l'esprit à sa manière et donnait supérieurement le coup de pied de l'âne.

Souvenez-vous que je lui avais renvoyé sa première lettre, et admirez comme il exploitait mon dédain ! Il savait bien que je ne montrerais pas celle-ci. Il me roulait en grand, pour employer le style de patron Seveno.

Néanmoins, je ne renvoyai point cette seconde missive ; je gardai même les quarante bouteilles de vin d'Espagne dans leur caisse de sapin. Mon plan de conduite était changé. Je cédais en apparence à la pression opérée sur moi de tous côtés à la fois, par ma famille, par mes amis du dehors, par les directeurs de ma conscience et aussi par les quelques membres de la Cour impériale qui voulaient bien s'intéresser à mon avenir. Il y avait unanimité. Je n'ai pas le temps de vous dire en détail, car il faudrait pour cela un volume, comment Bruant s'y était pris pour donner la berlue à tout ce monde et se transformer de loup en agneau, mais il est certain que les Keroulaz, mourant de faim et de chagrin dans leur grenier, opprimaient, selon l'opinion commune, ce pauvre J. B. Bruant, regorgeant d'or dans ses châteaux.

C'est une belle chose que l'opinion commune, et mon éloquent ami l'abbé de Lamennais, qui fonde là-dessus sa philosophie religieuse, ira loin !

J'avais l'air de céder. A quoi bon battre le briquet pour montrer la lumière à des aveugles ? Vous connaissez le pire sourd du proverbe. De toutes mes affaires, l'appel Keroulaz était la seule négligée. J'avais donné ordre à l'avoué de suivre mollement et de se désister à la dernière heure, avant de produire la pièce principale. Nous étions admirablement servis en ceci par le mauvais vouloir de la Cour, car il faut remarquer qu'il s'agissait de biens *nationalement* acquis. Ces biens étaient alors favorisés comme ils ont été persécutés depuis. Chez nous, les choses vont et viennent.

Mais, à l'abri de cette fausse trêve, je combattais sourdement et sans relâche. C'était désormais chez moi de la passion.

Un jour la cour du lycée de Rennes vit un curieux et attachant spectacle. Cinq matelots, portant le costume traditionnel, vinrent demander un des élèves internes et l'embrassèrent en pleurant devant tout le monde. L'élève était Vincent, qui, par parenthèse, faisait de merveilleux progrès ; les visiteurs étaient patron Seveno et nos quatre loups de mer du cabaret Mikelic.

Ils n'étaient pas venus à Rennes pour voir Penilis, qui s'appelait décidément aujourd'hui Vincent de Chédéglise ; ils étaient venus pour voir M. l'avocat.

Et M. l'avocat les avait stylés de main de maître. Honni soit qui mal y pense ! La guerre sainte était déclarée ; désormais, toutes les armes m'étaient bonnes, depuis l'épingle jusqu'au canon...

Ici, Son Excellence s'arrêta pour écouter les douze coups de minuit qui sonnaient à la pendule. La marquise haussa les épaules avec dépit ; elle avait de ces impatiences contre la marche inexorable du temps. Elle devina la pensée du ministre sur ses lèvres et s'écria impétueusement :

— N'abrégez pas, monseigneur, au nom du ciel ! Une histoire abrégée est comme un dîner réchauffé. J'ai beau faire, la pendule avance toujours, et, Dieu merci, nous avons le temps.

— Demain matin, murmura M. de Corbière, nous avons conseil chez le roi.

La marquise fit une réponse digne des Romains de Corneille.

— C'est égal! dit-elle.

Son Excellence sourit, s'inclina et reprit :

— Je n'ai jamais eu la pensée, mesdames, d'entrer dans les détails de ma lutte contre le Judas. Pour cela, ce n'est plus un volume qu'il faudrait, mais bien toute une bibliothèque. Je ne prétendais pas obtenir une restitution complète : à vrai dire, il n'en était pas besoin. Je voulais pour mes pauvres amis une aisance indépendante et honorable, pas davantage.

A ce prix, je ne demandais pas mieux que de laisser mourir l'assassin dans son lit. En somme, ma mission n'était pas de punir.

Mais cette réparation, je la voulais avec une ténacité de fer, et, pour y arriver, j'aurais dressé l'échafaud sans hésiter au devant du coupable.

Avant d'aborder le récit de la scène étrange qui doit terminer ce récit, je dois vous exposer brièvement deux ordres de faits remplissant l'intervalle d'une année.

M. Bruant venait de prendre la fourniture de la division navale de l'Océan, ce qui doublait tout d'un coup son importance. L'attaquer dans son influence croissante sur les hautes classes sociales, c'était désormais l'impossible. A Lorient, il était roi : restait donc la classe populaire.

C'est ici ma confession : j'ai été une fois dans ma vie un révolutionnaire, et j'ai pu me rendre compte, hélas ! de l'extrême facilité du métier. Au début, je n'avais guère pour moi que Seveno et son équipage ; après deux mois, tout ce qui portait la vareuse, depuis Etel jusqu'au Pouldu, se signait en parlant de Bruant, comme s'il se fût agi du diable.

Personne ne songeait à user de violence contre lui, et moi moins que personne, mais une électricité intense se dégage des sentiments du peuple. Bruant se sentait maudit, et il jugeait autrui par lui-même : la peur d'être assassiné lui vint.

Il était lâche au milieu de ses audaces. Aussitôt que cette frayeur fut née, il risqua un pas vers la capitulation, et j'entendis parler de lui de nouveau. Il fit plusieurs voyages de Rennes ; toute sa forfanterie tombait graduellement, à mesure qu'il me devinait mieux derrière la réprobation qui l'entourait.

Chose plus grave, il ne jouait plus avec sa folie. A son dernier voyage, il m'affirma que sa guérison était complète.

Je ne le lui demandais pas. J'en conclus que sa folie l'inquiétait sérieusement, et je pris des informations à Port-Louis. Je récoltai deux observations seulement, car il avait grand soin désormais de se tenir enfermé quand ses accès le prenaient; on l'avait vu fuir le long des grèves de Porpus, criant et demandant secours contre des assassins imaginaires; dans le salon du préfet maritime de Lorient, il avait versé des larmes, disant qu'on le séparait d'une jeune fiancée qui l'*adorait*, c'était son mot.

Sa double manie était donc de voir des meurtriers attachés à ses pas et de se croire aimé de Jeanne.

Comme Dieu se venge !

Au mois de juin 1806, deux ans après mon premier voyage à Lorient, presque jour pour jour, je reçus un billet de Jeanne, où l'écriture s'effaçait sous les larmes. Le billet me disait que M. Keroulaz, bien malade, désirait voir Vincent et s'entretenir avec moi avant de mourir. Quelques heures après, Vincent et moi nous prenions le courrier de Brest.

M. Keroulaz et sa fille habitaient maintenant le village de Larmor, en face de Gavre, de l'autre côté de l'eau. Les loyers étaient là moins chers qu'à Port-Louis, et ils avaient un air plus pur. Leur maisonnette touchait presque au fameux cabaret de maman Lhermite, surnommée la Tabac, à cause de l'usage immodéré qu'elle faisait de ce narcotique sous triple forme. C'était une croyance générale parmi les sardiniers que son corps avait été acheté et payé d'avance par un Anglais, pour voir, au moyen de l'autopsie, combien il contenait de tabac. Je ne saurais nombrer, du reste, la quantité de choses que ce même Anglais fantastique achète sur nos rivages de l'ouest.

La brune tombait, quand notre barque, partie du quai de Lorient, accosta la jetée de Larmor. Le jour même, par une singulière coïncidence, on avait fait la bénédiction des couraux, et, comme le vent soufflait d'amont, nous avions croisé en chemin toute une flotte de bateaux attardés. Nos bateliers, en nous montrant dans la rade une coquette embarcation de plaisance qui courait des bords contre le vent avait dit :

— Voilà le côtre du Judas.

Au moment où nous prenions terre, le côtre du Judas changea de bordée et nous laissa voir son arrière, où les derniers rayons du couchant mettaient de rouges étincelles. Vincent me serra le bras en pointant du doigt cette ligne brillante. Je lus : *le Poisson d'or*.

Vincent ne connaissait rien du drame nocturne qui s'était dénoué par la mort de son frère aîné. Il pâlit et tourna le dos avec dégoût, car l'instinct vaut parfois la certitude.

Nous montâmes la jetée, puis la côte à pic.

C'est à Larmor surtout qu'on fête la bénédiction des couraux. *Ar mor* veut dire *la mer* en langue bretonne, et c'est l'ancien nom de la Bretagne. Larmor a donc bien le droit de célébrer comme sien ce pardon de la mer.

Les cabarets regorgeaient de chalands, et, sur la place de l'église, les danses commençaient à se former aux sons du biniou, soutenu par la bombarde. Mathurin était là ; Mathurin, l'illustre sonneur, multiple et immortel comme le Pharaon d'Egypte. De l'autre côté de la place et vis-à-vis de l'église, l'auberge de maman Lhermite chantait par toutes ses fenêtres ouvertes. Comme nous passions d'un pas rapide, je m'arrêtai brusquement pour écouter.

— Cric ! disait la bonne voix du patron Seveno.

— Crac ! répondait le chœur enroué.

— Le feu chez Mikelic !

— La goutte chez la Tabac !

Et en avant l'histoire merveilleuse du merlus du Trou-Tonnerre ! C'était de saison. Patron Seveno la racontait tous les ans à la même époque.

Je mis la tête à la croisée pour lui demander des nouvelles du grand-père, comme on appelait M. Keroulaz. Quoique le grand-père fût au plus mal, nous eûmes de la peine à esquiver la chopine de dur. Là-bas, il est des solennités où il faut boire, même auprès d'un agonisant.

— Ah ! ah ! monsieur Vincent ! fut-il dit de tous côtés, vous voilà déjà trop brave et trop beau pour rester patron au cabotage ! C'est l'épaulette qu'il vous faut, monsieur Vincent !

Et la foule s'assemblait déjà pour voir l'ancien innocent, devenu flamboyant et fier comme un aide de camp de l'amiral.

Nous avions notre bateau à quai. J'ignore s

ce fut un pressentiment qui me fit dire à Seveno de nous attendre avec ses hommes.

Nous trouvâmes le grand-père fort affaissé, mais jouissant de toute son intelligence et parlant encore sans trop de difficultés. Jeanne n'avait que ses larmes ; elle faisait pitié, mais elle était belle comme l'ange des douleurs. Moi-même, je sentis mes yeux se mouiller quand le vieillard me dit :

— Bonjour, monsieur Corbière, et grand merci d'être venu. Voilà donc l'enfant qui va rester seule au monde !

Je ne répondis point ; il me tendit la main et serra faiblement la mienne en ajoutant :

— Puisque vous êtes venu, c'est que vous ne voulez pas l'abandonner.

Vincent, qui était derrière moi, s'approcha.

— Monsieur Keroulaz, murmura-t-il, j'ai fait

de mon mieux et ma femme ne manquera de rien.

Le vieillard eut presque un sourire. Son regard s'arrêta longtemps sur ce beau jeune homme à l'œil vaillant et doux. Il fit signe à Jeanne d'approcher. Elle obéit, et, sur l'ordre muet de son aïeul, elle présenta son front pâle à Vincent, qui l'effleura de ses lèvres.

M. Keroulaz parvint à se mettre sur son séant ; sa main tremblante fit le signe de la croix et il dit en élevant la voix :

— Au nom du Père, du Fils et du Saint-Esprit, soyez promis l'un à l'autre, mon fils et ma fille.

Il voulut me parler seul à seul. Les fiancés se retirèrent dans la chambre voisine en se tenant par la main. La croisée restait ouverte, à cause de la chaleur étouffante ; on entendait tous les bruits du dehors : la danse des sabots, l'inépuisable haleine du biniou, les cris des buveurs, les rires des jeunes filles, et par-dessus tout le grand murmure de la mer, car il ventait du bas et il y avait tempête au large.

Pendant plusieurs minutes, M. Keroulaz garda le silence ; il semblait rêver. J'attendais.

— C'est bien vrai, dit-il tout à coup, répondant à sa propre pensée, un temps qui fut, je souhaitai de me venger. L'homme a tué mon fils avant de me voler mon dernier morceau de pain. On voit clair à l'heure de mourir, allez monsieur Corbière : l'homme a tué ! Mais voilà bien des jours que je me sens faiblir, faiblir : c'est l'âge un peu, beaucoup la peine. Depuis bien des jours aussi, je ne me sens plus de colère ; Yves, mon cher fils, était un chrétien : je le vois dans le ciel... La première fois que vous m'avez parlé de transaction, monsieur Corbière, vous avez fait bien du mal à mon orgueil. Souvenez-vous : ils ont pu couper nos têtes, mais non pas les courber. Il y a des mots que nous ne comprenions pas, nous autres, les vieux gentilshommes de la Bretagne. Transiger, c'est céder. Nous avions dans le cœur la rude devise que l'Anglais nous a empruntée : « Dieu et mon droit. » Pauvre parole, monsieur Corbière ! Quand on a dit Dieu, il ne faut rien ajouter.

Voilà un mois, comme disent nos bonnes gens, j'ai lavé mon linge pour le grand voyage. Mon confesseur m'a grondé de n'avoir pas ouvert à l'homme qui frappait à ma porte avec des sentiments de repentir, peut-être. J'ai donc ouvert quand l'homme est revenu...

— Ah ! m'écriai-je, vous avez vu M. Bruant !

— Plus d'une fois... Et quelque chose me dit que je le reverrai encore, quoique mes heures soient comptées.

— Que vous a t-il proposé ?

— Tous ses millions pour la main de ma petite fille, des actes de donation... ses poches sont toujours pleines de parchemins. Il souffre, dès ce monde, les tourments de l'enfer...

— A-t-il eu des accès de folie devant vous ?

— Il vient chez moi seulement quand sa manie le tient.

— Comment supporte-t-il vos refus !

— Il pleure. Il me dit que ma fille souhaite de l'épouser. Il me supplie à genoux de ne pas le faire assassiner.

Parmi les bruits de la fête, une rumeur d'un tout autre genre monta; cela ressemblait aux grondements de la mer, et ce n'était pas la mer. Quelques-unes d'entre vous, mesdames, ont ouï bruire dans nos mauvais jours la colère de la foule? On n'oublie jamais cela.

M. Keroulaz et moi nous ne primes pas garde,

mais pendant qu'il me donnait des détails sur les bizarres visites de Bruant, tantôt marchandant son pardon, tantôt menaçant du haut de son opulence, tantôt demandant grâce, sous le poids de ses terreurs, le tumulte augmentait au dehors et bientôt un nom se dégagea de ce concert de clameurs.

— Le Judas! à l'eau le Judas!

— C'est lui! dit le vieillard. Je le sentais venir.

La porte s'ouvrit violemment. Un homme entra, tout défait et plus pâle que le moribond lui-même. Ses cheveux se hérissaient sur son crâne et ses dents s'entre-choquaient avec un son de castagnettes.

Je n'avais jamais vu M. Bruant dans ses accès. Malgré les dernières paroles du grand-père, je le reconnus seulement à sa voix, quand il dit:

— Protégez-moi, mon bon monsieur Keroulaz !... Ils veulent mon sang... mon pauvre sang innocent !

Il avait fait plusieurs pas dans la chambre en courant, comme s'il eût été poursuivi. Au moment où il m'aperçut, il recula jusqu'à la porte.

— Ah ! murmura-t-il d'une voix étranglée, c'est cela ! Je vois la conspiration !

Il sortit et se trouva face à face avec Vincent. Ce fut pour lui la tête de Méduse.

— C'est cela ! c'est cela ! répéta-t-il en s'affaissant au coin de la porte, en dedans. Ils sont tous là ! c'est la fin ! c'est la fin !

— Faut-il le jeter dehors? me demanda Vincent.

Dehors, les cris redoublaient :

— A l'eau le Judas ! à l'eau !

On en oubliait la danse. J'entendais qu'on

escaladait le mur du petit jardin sur lequel s'ouvrait la croisée. J'allai à la fenêtre, et je dis :

— Que personne n'entre. Respectez le logis d'un mourant.

Le bruit cessa aussitôt.

M. Bruant me regarda stupéfait. Il se releva et vint à moi à petits pas.

— Est-ce que vous voulez les mille louis? glissa-t-il à mon oreille. Je vous les promets. Je ne les ai pas sur moi, mais je suis prêt à signer. Il faut être en règle.

M. Keroulaz avait fermé les yeux. Le calme de son visage faisait un étrange contraste avec la détresse peinte sur les traits du misérable. Moi, je cherchais laborieusement à me dresser un plan de conduite, mais je ne trouvais en mon cerveau que trouble et doute. Que faire, en effet?

— S'ils me tuaient, reprit le Judas, un peu

remis de sa terreur, vous n'auriez rien... pas un centime, entendez-vous?

Et me saisissant le bras :

— La jeune fille veut m'épouser, ajouta-t-il avec une conviction profonde. Ce n'est pas par intérêt! Elle a le cœur d'un ange. Quand on lui dit que j'ai fait ceci ou cela, elle n'en croit pas un mot. Clabaudages! clabaudages!... Il ne faut pas faire de chagrin aux jeunes filles, n'est-ce pas, monsieur Corbière?...

Il prit un ton solennel pour achever :

— On a vu des jeunes filles qui se tuaient dans ces cas-là !

Un frôlement léger se fit derrière mon dos. Je tournai la tête et j'aperçus une demi-douzaine de rudes figures qui s'encadraient dans la baie de la fenêtre. C'était patron Seveno avec son équipage. Ils venaient voir si rien de fâcheux n'arrivait à M. l'avocat.

En ce moment, le grand-père rouvrit les yeux et les fixa sur M. Bruant. Son regard avait un éclat étrange.

— Cet homme-là va mourir avant moi, dit-il.

— Pas encore ! s'écria le Judas, qui tendit ses deux mains vers les matelots. Je n'ai rien fait ! jamais de mal à personne ! ce n'est pas moi ! Je consens à jurer sur l'Évangile !

— La main de Dieu est sur lui ! dit encore le vieillard.

Et c'était grave comme une prophétie. Je me sentis du froid dans les veines.

— S'agit-il de Dieu ? fit cependant M. Bruant. dont la face hâve s'éclaira soudain d'un sourire moqueur. Bien ! bien ! monsieur Keroulaz. Nous avons le temps, si c'est Dieu qui travaille !

Il reprit presque aussitôt d'un ton tout autre, car la raison lui revenait :

— Au fait, on ne tue pas les gens en pleine foire. Voici des témoins ! Mes amis, vous avez été à mon service. Bonsoir, Seveno, matelot... hé, hé ! nous sommes de bien vieux camarades, nous deux. Je ferai quelque chose pour toi... pour vous tous. Je suis bien plus riche encore que vous ne le croyez, mes enfants. A vous revoir, à vous revoir : il est l'heure de rentrer chacun chez soi, allons-nous-en.

Je n'avais pas encore parlé.

— Restez ! prononçai-je d'une voix impérieuse.

Il s'arrêta, mais il me demanda, en tâchant de garder son calme :

— De quel droit m'arrêtez-vous, monsieur Corbière ;

— Vous avez dit le mot, répliquai-je ; je vous arrête, monsieur Bruant, comme un gendarme prend un malfaiteur au collet !

Son accès faisait trêve et laissait renaître à vue d'œil son effronterie naturelle. Quant à moi, j'ai dit quelle était mon impuissance ; depuis mon arrivée à Lorient, aucun fait nouveau ne s'était produit qui pût me mettre une arme meilleure dans la main, et pourtant j'étais poussé en avant par une force invincible.

— Monsieur Corbière, répartit le Judas froidement, je ne crains que la violence et ma maladie. Mes accès ne me prennent jamais deux fois dans le même jour, et, quand je suis en santé, eussiez-vous à votre service tous vos va-nu-pieds de la côte, vous n'oseriez pas vous attaquer à moi.

— Merci, matelot, dit Seveno qui battait le briquet dans le jardin. On causera ensemble, vous et moi, une fois ou l'autre !

M. Keroulaz était, pour le moment, immobile, les yeux au plafond, les mains en croix sur sa poitrine.

— C'est cette nuit que Penilis pêchera le poisson d'or... murmura-t-il.

Vincent me lança un regard, et son regard voulait dire : Voici le délire de l'agonie qui commence. Jeanne, qui était restée jusqu'alors dans la pièce voisine, vint s'agenouiller silencieusement au pied du lit de son aïeul.

Moi, j'ai une foi enfantine à la parole des mourants. J'avais le cœur serré par un vague espoir, et je m'attendais presque à un événement surnaturel.

— Est-ce que vous avez déniché une autre quittance, monsieur Corbière ? me demanda insolemment le Judas.

Vincent avait laissé la porte libre en se rapprochant du lit, et pourtant M. Bruant n'essayait plus de sortir.

— J'étais venu ici dans une intention de charité, reprit-il ; je ne puis plus rien pour le brave homme qui bat la campagne, mais je propose de me charger de sa petite fille en tout bien tout honneur.

Vincent, hors de lui, leva son poing fermé.

— Tape, monsieur ! cria d'une seule voix l'ancien équipage de *la Sainte-Anne* : tu as droit !

— Patience, enfant ! ordonna le grand-père.

Il ajouta, avec un sourire qui courut comme un froid par tout mon corps :

— Nous avons d'autres yeux que nous ne connaissons pas et qui ne s'ouvrent qu'à la dernière heure. Je vois ce que je n'ai jamais vu. Avant qu'il soit une heure, Vincent de Chédéglise, tu risqueras ta vie pour sauver celle de cet homme là?

Son regard, fixé au plafond, se tourna lentement vers le Judas, qui perdit quelque peu de son assurance. Je pris alors la parole malgré moi, et comme si une voix étrangère m'eût dicté une pensée qui n'était pas la mienne :

— Il n'y a pas besoin de deux quittances, dis-je, répondant à la dernière provocation du Judas.

— Vous avez bien vu ce qu'elle valait... commença-t-il.

— Elle vaudra mieux, interrompis-je, si deux mille témoins viennent l'appuyer.

Le grand-père m'adressa un signe de souriante approbation et mes matelots battirent des mains.

— Deux mille témoins ! répéta Bruant. Où les prendrez-vous ?

— Rien que sur vos bateaux de pêche, j'en aurai cent.

— Et de quoi témoigneront-ils ?

— De ce que tout le monde sait, monsieur Bruant. Vous avez eu chez moi votre premier

accès de folie constaté. Vous en souvenez-vous !
La nuit où vous avez couché dans mon lit ? Depuis lors, vous avez eu bien des accès et vous avez toujours conté la même histoire.

Sa joue se rida et prit des tons terreux.

— Tu mens ! balbutia-t-il, tandis qu'une frange d'écume venait à ses lèvres.

— Toujours la même histoire, toujours ! s'écrièrent vingt voix dans le jardin.

Ceux qui étaient là trouvaient enfin un défaut à l'effrontée cuirasse du Judas et frappaient de tout leur cœur.

— Vous mentez ! répéta-t-il avec effort, vous mentez !

Mais on lui répondit :

— La même histoire, toujours la même histoire !

Et quelques-uns ajoutèrent :

— Assassin ! assassin !

Tous les animaux sauvages ont le même regard, quand ils se sentent acculés ; M. Bruant eut ce regard qui demande grâce et qui cherche où fuir.

— Quelle histoire ? interrogea-t-il pourtant, essayant de lutter à la fois contre ses terreurs et contre son accès qui revenait.

Ce fut moi qui répondis :

— L'histoire de votre ami, de votre maître que vous aviez promis de sauver; l'histoire de l'aviron et du couteau qui tous deux frappèrent tour à tour; l'histoire du sac de cuir où étaient les trente deniers.

Et le chœur des matelots :

— L'aviron et le couteau, assassin ! Les trente deniers, Judas !

— C'est donc bien lui qui a tué mon frère aîné ! gronda sourdement Vincent de Chédéglise.

— Vincent, Vincent ! supplia Jeanne, car le misérable faisait grand'pitié.

Le mourant prononça d'une voix assurée :

— Tais-toi, petite-fille, c'est la main de Dieu. Nul ici ne se vengera, sinon Dieu. Cet homme a tué ton père comme il a tué le frère aîné de ton fiancé.

Jeanne joignit les mains et s'affaissa au pied du lit. Bruant s'écria :

— Voyez si elle n'est pas avec moi ?

Le sang remontait à ses joues et ses yeux de chat-tigre luisaient.

— Qu'on la laisse libre ! poursuivit-il ; elle va se jeter dans mes bras. Est-ce qu'il en serait de même si j'avais tué son père ? Tenez ! vous qui croyez en Dieu, suis-je coupable ? Alors, que votre Dieu me foudroie !

Il croisa ses bras sur sa poitrine, provoquant le ciel du regard. Un grand silence l'entoura cette fois, car chacun attendait la foudre. Il eut un rire convulsif; son exaltation croissait et ses idées se brouillaient.

Au milieu du silence, le mourant dit :

— Chrétiens, priez pour lui !

Bruant haussa les épaules et fit un geste de carnaval. Il était fou en ce moment, autant que le plus fou qui soit à Charenton.

— J'ai dîné chez le premier président de la Cour impériale, prononça-t-il avec fierté. Le procureur général est mon ami... mon ami intime... il viendra chasser sur mes terres aux vacances. J'ai fait pour dix mille francs d'aumônes et de cadeaux à Rennes. Corbière est un petit avocat meurt-de-faim. Il est vendu à Pitt et Cobourg ! Lequel vaut mieux d'un patriote ou d'un émigré ? Honneur et patrie ! Mes enfants, je paye dix pots de cidre à chacun de vous... et du dur ! Clabaudages ! clabaudages ! Les pauvres sont jaloux des riches. Je suis en règle, je

15*

connais la loi, j'ai toutes les pièces... Venez boire !

L'impression que je ressentis en ce moment, vivra en moi jusqu'à mon dernier jour, mesdames. Quand le Judas eut fini de parler, nous entendîmes trois bruits distincts : la mer au loin, la danse sur la place, dans le jardin un murmure lent et monotone. Le grand-père avait dit : Chrétiens, priez pour lui. Les marins, obéissant à la lettre, récitaient tout haut le *De profundis.*

Personne, parmi ceux qui étaient présents, n'avait eu la pensée d'user de violence : pas plus Vincent dans sa juste colère que les marins dans leur vieille et robuste aversion, mais la pensée de mort était dans tous les esprits : dans le mien plus encore peut-être qu'en aucun autre. Le grand-père avait dit : Cet homme mourra avant moi...

Bruant resta un instant immobile, étonné, effarouché. Il écoutait la prière latine, écorchée par ces rudes voix. Il était frappé vivement. Un nuage tomba sur sa forfanterie, et sa physionomie, qui à chaque instant changeait, trahit une forte souffrance physique.

Quand patron Seveno prononça le *requiem æternam dona ei, Domine*, il eut un tressaillement par tout le corps.

« *Et lux perpetua luceat ei,* » répondirent les matelots.

Ce fut le grand-père lui-même qui récita d'une voix claire et calme : *Requiescat in pace!*

Bruant courba la tête, et sa poitrine rendit un long soupir.

« *Amen!* » dit le chœur.

Puis vint un grand silence au dedans. Au dehors, la voix de la mer s'enflait. Et de l'autre côté du mur, le biniou exhalait sa dernière note tandis que la cruelle gaieté des danseurs retrouvait son refrain, un instant oublié :

— A l'eau le Judas! à l'eau !

M. Bruant fit un pas vers moi et me demanda résolûment :

— Que voulez-vous de moi ?

J'étais pris à l'improviste, mais je vivais en quelque sorte dans cette question, et je répondis sans hésiter :

— Nous voulons de vous une large réparation.

En même temps je fermai la bouche à Vincent, qui, sans doute, voulait protester contre tout arrangement.

— Chiffrez, dit le Judas avec froideur.

— La moitié de tout ce que vous possédez.

— Sur-le-champ ou après mon décès ?

— Sur-le-champ.

Son calme était un mensonge. Entre ses lèvres serrées, j'entendais ses dents qui grinçaient.

— Bonne affaire ! dit-il en ricanant. Les deux domaines ne rapportaient pas cinquante mille livres, et, avec les bénéfices de ma fourniture, je vais avoir cent mille écus de revenus...

Puis, avec une soudaine exaltation :

— A l'aide! au guet-apens! Je te mènerai jusqu'à l'échafaud, Corbière! Es-tu plus fort que le premier président? Pèseras-tu seulement une demi-once contre le procureur général? Ce sont mes amis! Le préfet maritime est mon ami! Et le commissaire de police! Et l'inspecteur de la navigation! Les petits et les grands! A Rennes, à Port-Louis, partout! J'enverrai des cadeaux à Paris! Vous conspirez contre l'empereur! Je prouverai cela. Je suis le bienfaiteu du pays. Je fais travailler quatre cents paires de bras. Je vais fonder un hôpital! Il y a des gendarmes; je les ai vus en passant. On assassine un patriote! Au secours! au secours!

En parlant, ou plutôt en rugissant, il se démenait comme un possédé. C'était le paroxysme de la crise. Nul ne lui répondit, et je vous demande pardon, mesdames, de reproduire à vos oreilles les seules paroles qui furent prononcées. Séveno, à cheval sur le mur du jardin, dit aux danseurs, le plus tranquillement du monde :

— Les gars et les filles, venez voir crever un chien enragé !

Tout n'était pas fini, cependant. Bruant, épuisé, se laissa tomber sur un siége et mit sa tête entre ses mains pour pleurer, selon son habitude. Il n'était, en vérité, plus question de l'agonie du grand-père, dont le visage pâle et doux exprimait la suprême sérénité. C'était pour le Judas que Jeanne, compatissante, nous implorait du regard.

Après quelques secondes, et dans ces situations les secondes sont longues, Bruant découvrit sa figure. Ses yeux gris essayaient un sourire patelin.

— Vous êtes un jeune homme vertueux, monsieur Corbière, me dit-il humblement. Mon bon monsieur Keroulaz, je respecte votre état. Réfléchissez seulement un petit peu, et vous verrez que rien ne me forçait de venir. Savez-vous pourquoi je suis venu ? Je n'ai pas d'enfants, pas d'héritiers... Hein, petite Jeanne ? Mme Bruant aura des voitures, des diamants et des cachemires !

Jeanne fit un geste d'horreur.

— Que diriez-vous, continua le Judas du ton qu'on prend dans les familles bien unies pour annoncer la naïve surprise du jour de l'an aux petits enfants curieux, que diriez-vous si j'avais mon testament dans ma poche ? Hé, hé ! monsieur Corbière, vous ne vous attendiez pas à cela ? C'est avec le miel qu'on prend les mouches, hé, hé ! non pas avec du vinaigre... je veux du bien à cette famille-là, moi ; qui m'en empêche? Ai-je des fils ou des filles pour réclamer mon héritage? Pas un neveu seulement! Vous croyez que je ris?

Il mit la main à sa poche et en retira un rouleau de parchemin qu'il me tendit.

Ai-je oublié de mentionner ce détail, que, dans sa passion pour les titres, Bruant faisait timbrer exprès des feuilles de parchemin pour minuter ses moindres contrats? Il voulait des *pièces* impérissables, et le papier, pour lui, n'était pas assez fort.

C'était bien un testament, un testament olographe en bonne et due forme. Malgré la clarté des dispositions qu'il contenait, pouvait-on le regarder comme le produit d'une heure de folie, ou bien n'était-ce qu'une machine de guerre, un moyen de parer à un mauvais cas, comme celui où précisément M. Bruant se trouvait aujourd'hui?

Je ne prétends apprendre à personne ici qu'un testament est chose fragile. Pour révoquer le roi des testaments, il suffit d'un mot, d'une signature et d'une date.

Le testament ne produisit pas du tout sur moi l'effet qu'en avait attendu M. Bruant; mais nos matelots, qui faisaient foule maintenant au dehors, battirent des mains en disant:

— C'est ça! puisqu'il s'amende, il va mourir!

Je pris le parchemin d'un air froid et je le dépliai. Je vis d'un coup d'œil que M. Bruant y instituait Jeanne sa légataire universelle, sans restriction, codicille, ni condition. Lui mort, c'était tout; tant qu'il vivait, ce n'était rien.

J'ouvrais la bouche pour dévoiler la grossièreté de la ruse et maintenir ma proposition première, lorsque M. Bruant poussa un cri étouffé. Il eut comme un vertige, et ses yeux s'injectèrent de sang. Avant que je pusse me mettre en défense, ses mains se nouèrent autour de ma gorge. Il m'étranglait avec fureur.

Et je l'entendais qui disait en serrant :

—Je suis fou ! ah ! je vois bien de cette fois que je suis fou ! Il n'y a pas chez moi de testament postérieur ! Ni chez le notaire ! Rien n'est en règle ! S'ils me tuaient, ils auraient tout. Rends-moi mon bien, brigand ? brigand de Corbière, rends-moi mon bien !

Je pense que je fus le seul à entendre ces paroles que le Judas prononçait à son insu. Si j'avais été en tête-en-tête avec lui, c'en était fait de moi. Ma torture ne dura qu'un clin d'œil, parce que Vincent, d'un côté, mes matelots, de l'autre, s'élancèrent à mon secours. Mais, pendant qu'on m'asseyait sur un fauteuil, tout haletant et prêt à perdre connaissance, Bruant parvint à m'arracher le testament. Dès qu'il l'eut, profitant de la confusion qui régnait, il réussit à s'enfuir.

— Appuie partout! cria Seveno en s'arrachant les cheveux; nous faut l'écrit! Deux pots à qui repêchera l'écrit!

Il se lança directement à la poursuite de Bruant, tandis que les autres enjambaient la fenêtre et franchissaient le mur du jardinet pour couper au court. Ils voulaient l'écrit, le testament; toute cette fortune volée était pour eux dans l'écrit. Bruant n'avait qu'à courir!

Nous restions seuls dans la chambre, le grand-père, Vincent, Jeanne et moi. Le choc avait été rude; mais on n'étrangle pas un homme en deux secondes, et j'étais déjà debout. Au dehors, une clameur formidable s'éleva. Il pouvait être neuf heures du soir; c'était le beau moment de la danse; la place était comble. Un millier de voix se mit à crier:

— A l'eau le Judas ! A l'eau ! à l'eau !

— Il faut le sauver ! dit Jeanne à Vincent.

Et le grand-père ajouta :

— Ne laissez pas mourir celui qui est en état de péché mortel !

Vincent sauta par la fenêtre, et moi, je pris la porte, courant de mon mieux et suivant le tapage, qui s'élevait dans la direction de Kernevel. Au bout d'une centaine de pas sur la plage, je rencontrai la foule qui revenait en tumulte; on avait suivi une fausse piste. Les hommes et les femmes allaient répétant :

— Il s'est mussé du côté de Kerpape ! A ce coup-là, il faut faire la fin de lui !

On avait bien bu une vingtaine de barriques de cidre, ce soir-là, à Larmor, sans compter le vulnéraire et le *vin ardent* (eau-de-vie.)

Je voulus parler, mais la meute me bouscula et passa. Je ne savais pas où était Vincent. Je me mis à la suite de la cohue qui courait pieds nus sur les galets, chacun jouant des castagnettes avec la paire de sabots qu'il portait à la main, et chacun aussi, je dois le dire, se divertissant comme un bienheureux. Il faisait beau ; on avait assez dansé : et puis la chasse au Judas par le clair de lune n'était pas dans le programme de la fête.

Ils ne sont pas méchants, là-bas, mais Bruant était la bête noire du pays, et ils ont parfois le cidre mauvais. La faveur dont Bruant jouissait auprès des autorités de Lorient augmentait la colère publique. Les cris : A l'eau ! à l'eau ! s'enrouaient, mais croissaient en ferveur. Mon inquiétude était mortelle.

A moitié chemin des étangs qui sont entre Larmor et Kerpape, il y eut une turbulente mêlée. Une autre foule revenait de ce côté sans avoir rien trouvé. Pour la seconde fois, on me passa sur le corps en reprenant à pleine course le chemin du village. Je cherchais parmi la presse Vincent, Seveno ou quelqu'un de son équipage, mais aucun d'eux n'était là.

— Le Judas est devers le fort! on l'a vu avec un papier qu'il a volé au mourant. A l'eau le Judas, à l'eau!

Et le galop sourd des pieds nus sur la lande! et la musique de sabots! et les grognements de la meute, qui s'enivrait à perdre haleine!

Rien jusqu'au fort, dont les noires murailles coupaient carrément le ciel bleu. J'avais pris à travers champs, abrégeant la route pour savoir plus vite ce qui se passait à Larmor. Rien encore jusqu'au village. Mais, en arrivant aux premières maisons, je vis un homme qui courait, les bras étendus, brandissant un objet blanc au-dessus de sa tête, et criant :

— Vous ne l'aurez pas! vous ne l'aurez pas !

Il s'élança sur l'étroite marge qui longe le
, devant la caserne des douaniers. Derrière
, une troisième meute détalait :

— A l'eau le Judas ! à l'eau !

Ils passèrent à cinquante pas de moi comme
 tourbillon, et cette fois je reconnus patron
veno avec son équipage. Ceux-là ne s'etaient
s trompés de piste ; ils chassaient à vue ; ils
aient littéralement sur les talons de leur gi-
er.

J'appelai de toute ma force, les nommant
us par leurs noms.

— En avant ! en avant ! monsieur l'avocat,
t Vincent auprès de moi. Ils ne vous enten-
ont pas ! ils m'ont battu ! Mais Jeanne veut
'on le sauve, en avant ! Il est peut-être en-
re temps d'empêcher un malheur !

Ils l'avaient battu, ou plutôt il s'était battu
ntre eux, et, grâce à cela seulement, le Judas

avait gardé son avance. Je m'accrochai à sa main comme eût fait un enfant, tant j'étais hors d'haleine, et nous suivîmes nos gens qui atteignaient déjà le môle rustique de Larmor. Derrière nous, le gros de la chasse arrivait en hurlant.

Comme nous atteignions l'extrémité de la douane, le môle et la jetée s'offrirent à nos yeux, brillamment éclairés par la pleine lune. On y voyait, en vérité, comme en plein jour. C'était la grand marée de juin. La lame énorme déferlait jusqu'au pied des maisons. Ensemble nous étouffâmes un cri et nous nous arrêtâmes : nous arrivions pour voir Bruant « piquer une tête » du haut des roches et disparaître dans la mer.

Il y eut une sauvage acclamation tout le long de la côte; les uns avaient vu et battaient des mains, les autres applaudissaient de confiance.

« A l'eau le Judas! à l'eau! à l'eau! à l'eau! »

Il y était à l'eau ; sa tête apparut, noire, parmi l'écume du ressac. Quelques-uns lui jetèrent des cailloux, car l'ivresse de la foule est impitoyable. Mais il se moquait de la foule maintenant. Il riait, on l'entendait bien. Il agitait au-dessus de la lame l'objet blanc qu'il tenait à la main, et il répétait avec triomphe :

— Vous ne l'aurez pas! vous ne l'aurez pas!

Quand nous gagnâmes le rivage, Vincent et moi, la foule était déjà au regret et disait :

— C'est pourtant bête de rejeter le poisson dans l'eau!

Ils se repentaient de n'avoir pas eu l'idée du feu. Bruant était de ces nageurs qui ne coulent pas quand on leur garrotte les deux mains et les deux jambes. Pour le mettre au fond, il eût fallu encore une corde et une roche.

Mais Seveno! où était Seveno? Nous le cherchâmes de l'œil ainsi que ses matelots. Aucun d'eux n'était parmi la foule.

— Borde en douceur ! commanda une voix auprès de nous.

C'était *la Jeanne* qui poussait au large. Seveno dit encore :

— Gouverne à lui couper le chenal.

Vincent et moi nous sautâmes à bord au moment où la barque s'éloignait de terre. Nos amis ne nous attendaient pas, et Seveno nous reçut mal.

— Pas moins, monsieur l'avocat, me dit-il assez péremptoirement, ce n'est pas ici votre place. Il n'y a rien à plaidasser pour l'instant... Quant à toi, monsieur Vincent, ajouta-t-il d'un ton tout à fait provoquant, si vous faites votre tête, on te débarque à la mer, sans cérémonie, comme quoi je suis le maître ici et que tout m'y regarde !

Je serrai fortement le bras de Vincent. Nous nous assîmes tous deux sur la vergue de misaine qui était amenée. *La Jeanne* avait déjà dépassé les écueils qui défendent la jetée et sur lesquels il y avait en ce moment douze pieds d'eau. Bruant n'était pas loin de nous ; il faisait la planche tranquillement et jouait avec la lame. Tout en nageant, il s'était débarrassé de son ample redingote, qui flottait entre lui et nous. Il n'avait plus peur : il nous parlait, il nous narguait. Quand il découvrit la manœuvre de Seveno, il éclata de rire.

— Matelot, cria-t-il, je n'ai pas envie de rentrer sitôt chez moi. Faisons-nous une promenade? Fournis-moi de vivres et je te mènerai jusqu'en Amérique !

Le mouvement que nous avions fait vers le chenal le mettait entre le rivage et nous. Il plongea et resta quelque temps sous l'eau.

— Marquez l'endroit, mes garçons, dit tout bas Seveno, il est descendu mettre l'écrit sous une roche.

C'était positivement la vérité. J'avais déjà remarqué que Bruant essayait de couler son parchemin, qui surnageait toujours. Sa tête revint sur l'eau.

— Vous ne l'aurez pas ! murmura-t-il en se parlant à lui-même.

Sur l'eau, on entend tout.

— Nous l'aurons, répliqua Seveno, qui donna un coup de barre pour se rapprocher de lui, ajoutant : Il fait assez jour pour prendre la marque.

Il faisait assez jour, en effet, car tous les points de la côte apparaissaient distinctement. Mais pas n'était besoin de prendre la marque. A côté de Bruant, qui se reposait sur le dos comme dans son lit, un objet blanc se montra.

C'était le diable de testament qui revenait sur l'eau.

— Sauve la guenille, Jean-Pierre ! ordonna le patron.

Nous passions auprès de la redingote. Jean-Pierre l'attrapa d'un coup de gaffe.

De terre, on nous criait :

— *Etonnez-le* d'un coup d'aviron, et vous l'aurez !

— Mes amis, dis-je, pensant que l'ruant fatigué allait bientôt se rendre, tous ceux qui vous excitent au crime seront des témoins contre vous, une fois le crime commis.

— Un crime ! fit Seveno, incrédule. On ne peut donc pas marcher sur une couleuvre, à présent !

— Et je vous préviens, ajoutai-je, que ce ne sera pas moi qui vous défendrai en Cour d'assises.

Il y a des mots qui frappent comme des massues. Les avirons mollirent autour de la barque. Bruant se mit à nager vers nous.

— Attention ! cria-t-on de terre.

— Attention ! répéta Bruant, qui exécutait à la crête des lames d'admirables tours de force. Je vais faire le tour de vous de bout en bout, mes fils. Nagez voir comme des marins.

Seveno étouffa un juron.

— Faut pourtant qu'on ait l'écrit ! gronda-t-il.

— L'écrit ne signifie rien, répartis-je, tant que le testateur est vivant.

— Pour sûr, murmura Seveno qui promena un regard interrogateur sur son équipage, on ne veut pas le tuer.

— Quoiqu'il l'a bien mérité, soupira Jean-Pierre.

— Alors, dirent les autres, autant retourner chez la Tabac.

L'avis fut appuyé unanimement. Bruant chantait. Ceux de la côte s'impatientaient et nous injuriaient. Vincent dit :

— Mes enfants, voici les propres paroles de M. Keroulaz, qui est un saint homme et qui va paraître devant Dieu : « Ne laissez pas mourir celui qui est en état de péché mortel ! »

Seveno arrêta le mouvement qu'il imprimait à la barre pour virer de bord. Les matelots murmurèrent :

— Quoique çà, c'est bien vrai qu'il est en état de péché mortel !

— Des pieds jusqu'à la tête, en grand !

— Et plutôt cent fois qu'une !

— Et le grand père *voit en dedans,* puisqu'il est pour rendre son âme.

— Hé ho ! propres à rien ! hêla Bruant. A

quand la danse? Dites au biniou de sonner!

Le biniou l'entendit de terre et emboucha l'air des prêtres du Pouliguen, qu'on sonne d'ordinaire aux funérailles. Une longue risée s'éleva de la foule. Bruant sortit ses deux mains de l'eau pour applaudir. Seveno mit le cap sur Larmor.

— Allons donc! fit-il; sauver un quelqu'un qui se moque de nous et qui ferait trois fois le tour de Groix sans se gêner... Nage!

— M. Bruant est un fou, répliqua Vincent doucement. C'est grand'marée et voici le jusant qui force. Dans un quart d'heure, il n'y a homme ni diable qui puisse doubler le courant du chenal.

— Il abordera de ce côté-ci, donc.

Vincent lui montra du doigt le rivage. Tout le long des grèves et dans les roches, on voyait grouiller des créatures humaines.

— Nage! répéta Seveno d'un ton résolu. Je suis le maître.

— Scie partout! commanda Vincent, qui se leva.

Entre ces deux ordres contraires, les avirons indécis restèrent en suspens.

— Foi de Dieu! s'écria Seveno, vas-tu me débaucher mon monde, monsieur Chédéglise!

— Je vous prie de m'écouter, patron, répliqua Vincent d'un air soumis.

Puis, s'approchant de Seveno, il ajouta tout bas :

— Mlle Jeanne m'a dit de le sauver.

Le patron donna un coup de barre à chavirer le bateau.

— Mamzelle Jeanne! mamzelle Jeanne! gronda-t-il. Le Judas ne lui a donc pas fait encore assez de mal?... Si ça l'amuse, il peut nous conduire comme ça jusqu'aux Glenans! C'est un poisson, quoi! Et je parie bien qu'il pense déjà à nous attirer dans les roches... Mais, puisque mamzelle Jeanne l'a dit, c'est dit : allume, vous autres! et du nerf!

Vincent lui tendit la main.

Nous restions en dedans de ce cap d'écueils qu'on nomme les Saisies de Larmor et qui ferment la rade du côté du sud-ouest. Le bateau ne sentait pas encore le courant. Sur nos têtes, le ciel était splendide, mais le vent d'aval fraîchissait de plus en plus et produisait une véritable tourmente en contrariant le reflux. Malgré le grand clair de lune, la mer semblait sombre au loin, à cause des ombres profondes, portées par les lames. Bruant prit chasse, dès que notre chaloupe vira de bord ; au lieu d'aller vers les Saisies, qui formaient en ce moment une immense ligne de brisants, il coupa droit au chenal dans la direction de Port-Louis.

Nous avions quatre avirons, emmanchés vigoureusement ; mais ces chaloupes de pêche sont lourdes à la rame, et, dès que le courant de jusant nous prit, nous fûmes entraînés par une violente dérive. C'était merveille, en vérité, de voir Bruant lutter contre la mer. Il dérivait aussi, mais chacun de ses élans, solides et réguliers, élargissait la distance qui nous séparait. Nous pûmes croire un instant qu'il couperait le courant selon une ligne diagonale et qu'il pourrait aborder à l'extrême pointe de Gavro, tandis que nous serions repoussés, nous, au delà des Errants.

— Borde la misaine ! ordonna Seveno.

Deux avirons seulement restèrent dehors, et la large toile, déployée avec fracas, prit le vent. Bruant cria en se moquant :

— Borde la grand'voile ! et le foc ! et tout, mon bijou !

Il fit en même temps le plongeon et disparut.

La chaloupe se pencha jusqu'à tremper sa toile dans l'écume que soulevait son avant : elle bondit sur la lame qui la prenait par le travers et nous inondait périodiquement. Le vent valait mieux que le courant. Seveno lofa et nous courûmes grand largue dans la direction de la citadelle.

Les matelots se disaient entre eux :

— Ouvre l'œil ! il va se montrer tout à l'heure, et quoique ça soit la vermine des vermines, on n'est pas là pour lui passer dessus.

— Le voilà, dit Jean-Pierre, à bâbord, sous le vent ! Lofez, patron !

Seveno inclina la barre sous le vent, et nous allâmes debout, au courant, qui rabattait avec une force terrible, entraînant des épaves de toute sorte.

— Le voilà! cria de son côté Courtecuisse, à tribord! Arrive, patron, sans vous commander... Ah! le banian! c'est de l'ouvrage!

Seveno revint au vent. Chez lui et parmi son équipage, il n'y avait ni entrain ni conviction. D'un part, la besogne ne leur plaisait pas; de l'autre, ils étaient convaincus d'avance de l'inutilité de leurs efforts.

Loin, bien loin derrière nous, une voix se prit à chanter *la Marseillaise.*

— Amène! grinça le patron qui ferma les poings. Il a gagné au vent. Tout le monde aux avirons!

La voile tomba, et la chaloupe, emportée par le courant, fila comme une flèche.

Ce fut Vincent qui découvrit le Judas, à quatre ou cinq cents pas de nous, sur la lisière du chenal. En deux minutes, nous perdîmes tout ce que nous avions gagné; les lumières de Larmor et celles de Gavre s'enfuirent derrière nous, mais il me semblait que la distance entre le Judas et nous restait la même.

Vincent se mit debout sur l'avant et cria :

— Monsieur Bruant, m'entendez-vous ?

Le doute était permis, à cause de la violence croissante du vent ; mais le vent apporta un éclat de rire moqueur avec cette réponse :

— Un peu, mon neveu !

— Qué gale ! grommela Seveno, non sans une nuance d'admiration.

— Monsieur Bruant, reprit le jeune Chédéglise, nous ne vous souhaitons pas de mal. La crampe peut vous prendre et il n'y a plus de bon nageur avec la crampe. Accostez : je vous donne ma parole d'honneur que nous vous mettrons à Porpus.

Bruant ralentit ses efforts et se laissa gagner d'une centaine de brasses. A cette distance, on le voyait parfaitement, étendu sur le dos et nageant sans fatigue.

— L'avocat est-il avec vous ? demanda-t-il.

— Vous pouvez avoir confiance, monsieur Bruant, répondis-je.

Un second éclat de rire plus strident nous arriva, avec cette bravade :

— Ça va-t-il comme vous voulez, monsieur Corbière ? Prenez garde au mal de mer ! Je sais bien ce que vous cherchez, mais vous ne l'aurez pas. Je me moque de vous comme de la crampe, hé, hé ! Tu n'auras pas ma rose, l'enflé !

Puis, changeant de ton et avec une agitation soudaine :

— Je vous dis qu'elle veut m'épouser, reprit-il. Pourquoi faire du chagrin à une jeune fille ? On a vu des jeunes filles qui en mouraient... Veillez bien autour de la maison où elle est, tas de brigands ! Je reviendrai ! j'enlèverai ma petite Jeanne ! Je lui donnerai des châles et des bijoux ! Nous irons à Paris, la grand'ville. Je me moque de vous ! je me moque de vous !

Il prononça ces derniers mots quatre ou cinq fois de suite, puis, faisant une culbute, il se mit à détacher la coupe avec une merveilleuse aisance et s'éloigna vers l'ouest.

— Nage à bâbord ! cria Seveno. Il nous a mis dedans, le scélérat !

Une lame, haute comme un premier étage, nous montra tout à coup sa crête écumante. Nous étions en plein sur les brisants de la Truie à l'ouest des Errants.

Tous les marins firent le signe de la croix, ce qui ne nuisit en rien à l'exécution précise et hardie de la manœuvre. La montagne liquide nous souleva sans encombre et vint éclater à cent pas de nous, contre la tour noire qui marque ce dangereux écueil.

— Canailles ! hurla le Judas qui nous avait cru perdus. C'est à refaire.

— Les vieux, dit Seveno d'un ton grave, l'enfant a parlé vrai : celui-là est fou comme un lièvre, quoique sa ruse indique encore bien de l'idée. Si on le laissait se périr à l'heure qu'il est, il tomberait comme un plomb dans l'enfer, pour sûr !

— Et ça nous resterait sur la conscience, ajouta Jean-Pierre.

Seveno reprit :

— Le voilà loin de terre, et, pour remonter ce courant-là, faudrait la remorque du diable ! Je parie deux pots que nous allons bientôt l'entendre crier : Au secours ! Puisqu'on y est, allons jusqu'au bout, les vieux !

— Allons jusqu'au bout ! fut-il répondu à l'unanimité.

Et les avirons pressèrent leur mesure. Désormais, notre équipage était converti à l'idée de sa mission. De plus, chaque matelot, pour sa part, se sentait piqué au jeu : il y avait le retour et les railleries des camarades. La lourde chaloupe *sailla* de l'avant, pour employer le verbe local, et nous fîmes de la route.

Mais le Judas aussi serrait sa partie ; jusqu'alors il avait folâtré sur l'eau, laissant faire le courant et jouant avec nous, qu'il supposait incapables de l'atteindre ; maintenant que la poursuite devenait plus sérieuse, il chauffait peu à peu, comme on dit sur les bateaux à vapeur, et déployait l'une après l'autre les ressources de son admirable talent. Loin de diminuer, la distance qui nous séparait augmentait plutôt, et pourtant il était bien évident que le Judas ne prodiguait point sa force.

L'œil, une fois habitué à ce clair-obscur étincelant, dont la lumière fausse et trop durement repoussée par le noir des ombres le fatigue d'abord et l'éblouit, devient à la longue maître de lui-même ; il se fait au mouvement tumultueux de ces mille paillettes qui s'agitent dans le sombre et finit par acquérir une perception très-nette des objets même lointains. Pour ma part, je voyais distinctement M. Bruant à cinq cents brasses de nous environ ; j'aurais pu dire les différentes allures qu'il prenait et qui étaient au nombre de cinq ou six, pour le moins. Il en avait deux principales : la brasse ordinaire et la planche, desquelles il obtenait une vélocité miraculeuse, sans précipiter jamais ses mouvements. A voir la puissance de détente que gardaient ses articulations, à voir surtout la régularité facile de sa propulsion, l'idée de l'homme-poisson revenait toujours, et l'on se prenait à penser que ce virtuose de la natation était infatigable comme les habitants de la mer.

Nous avions dépassé les Errants de plus d'une demi-lieue et nous étions dans les courants de l'ouest. En avançant, notre marche subissait des altérations notables, à cause du courant, très-variable en ces parages. Le courant de jusant ou de reflux, qui va de la rade vers le large, se compose de toute l'eau que le flux a engouffrée dans le Scorf, dans le Blavet et dans la rivière du Ter. Aux grandes marées c'est une immense masse liquide qui forme au milieu de l'Océan un véritable fleuve et qui conserve fort longtemps sa vitesse acquise.

Mais le cours de ce fleuve marin est capricieux, ou du moins très-divisé. La carte qu'on en ferait ressemblerait assez à ce réseau de rivières, formé par les embouchures du Rhône entre les Saintes-Maries et la tour de Bouc. Au sortir de la rade, le courant unique se dirige plein sud; l'écueil des Errants le coupe e deux, envoyant la plus forte portion vers le sud-est, l'autre vers le sud-ouest : ce sont les routes d'Espagne et d'Angleterre qui passent des deux côtés de l'île de Groix. Au-delà des Errants, cependant, un troisième courant se fait, produit par les remous des deux premiers. Celui-là va droit à l'île, dont l'approche l'épanouit et renvoie la majeure partie de ses eaux vers l'ouest. C'est ce qu'on appelle proprement les couraux : chose vague, fantaisie géographique qui varie de jour en jour, selon les marées, comme changent, dit-on, autour du Mont-Saint-Michel, les dangers des sables mouvants.

Le Judas piquait droit à la pointe ouest de l'île et se dirigeait sur le phare ; nous le suivions ; par conséquent, le courant nous prenait par le flanc gauche et nous forçait à tenir le cap sur le centre de l'île pour ne point trop dériver. Le vent, qui sans cesse augmentait, restait debout et avait beaucoup de prise sur la coque volumineuse de la chaloupe, tandis que le Judas échappait complétement à son influence contraire. Il savait cela ; il avait choisi sa route.

Nos hommes ruisselaient de sueur et ne se plaignaient point ; patron Seveno était silencieux à la barre ; Vincent doublait Jean-Pierre, qui venait d'avoir les fièvres et qui fatiguait à son aviron. J'étais debout, à l'avant et mes yeux ne pouvaient se détacher du Judas, qui, après deux grandes heures d'efforts, semblait aussi frais qu'à la première minute.

Car il y avait deux grandes heures que tout cela durait. Le vent nous apportait déjà les bruits de Groix, et je venais de compter onze coups au clocher de la paroisse.

— Il n'avait pas besoin de nous ! pensai-je tout haut.

Seveno m'entendit et murmura, d'un ton qui excita ma curiosité :

— Levez le nez, monsieur l'avocat.

Je levai le nez, ou plutôt les yeux, et un cri m'échappa. Groix, qui, depuis notre départ de Larmor, apparaissait à l'horizon comme une ligne sombre, avait démesurément grandi dans tous les sens et ne conservait plus ses profils si bien connus de moi.

Groix est un roc d'une lieue de long, coupé carrément à ses deux extrémités, qui de loin dominent la mer comme des murailles de château. Non-seulement Groix me semblait six fois plus haut qu'à l'ordinaire, mais ses extrémités s'étendaient de droite et de gauche à perte de vue ; c'était une ligne plus noire que l'encre ; elle fermait l'horizon dans un bon tiers de sa circonférence, englobant les deux phares qui s'étaient rapprochés l'un de l'autre. Au-dessus, le ciel brillait d'un incomparable éclat, et pas un nuage n'était autour de la lune.

— Qu'est-ce que cela? demandai-je, stupéfait.

— Le Judas ne chante plus, répondit Seveno.

C'était vrai. Il y avait plus de vingt minutes qu'on n'avait entendu la voix de M. Bruant.

— Mais qu'est-ce que cela?

Ce ne fut pas Seveno qui me répondit : ce fut *cela*.

CELA se déchira soudain en une ligne brisée en zigzags. Il en sortit une lueur livide qui dessina dans le noir les vrais contours de l'île de Groix, telle que je la connaissais.

Cela n'était pas l'île de Groix, qui n'avait point grandi. Cela c'était un nuage énorme, durement accusé, rigide, comme s'il eût été tracé sur le bleu laiteux du ciel par un pinceau trempé dans du cirage.

L'éclair amena un coup de tonnerre sourd, long, lointain, qui fit retourner les rameurs. Vincent dit :

— Le vent du su-sur-ouas (sud-sud-ouest).

Et patron Seveno commanda :

— Appuie partout !

Je ne sais comment ce ciel splendide et cette mer miroitante prirent tout à coup à mes yeux une apparence sinistre. Les impressions sont vives et profondes, la nuit, au milieu de l'Océan. Tout, autour de moi, se teignit de deuil. Dans le silence qui suivit, j'entendis une gigantesque rumeur qui ne partait point d'un endroit déterminé, mais qui venait de partout à la fois et enveloppait l'âme de frayeur.

On nageait dans ce bruit sourd, mais immense, plus terrible que la voix même de la foudre.

La foudre se taisait. Le nuage montait, dévorant petit à petit les marges lumineuses du firmament. L'éclair ne se renouvela point.

Mais le vent, qui tout à l'heure faisait rage, tomba comme par enchantement. La lame, appesantie, s'étala en larges houles, formant une succession de montagne et de vallées dont les surfaces étaient lisses et huileuses. Vous eussiez dit du cristal noirci. L'air se fit étouffant jusqu'à opprimer la respiration.

Il n'y avait plus de clapotis ; autour de nous, tout était muet, sauf l'aviron grinçant sur le bordage : mais, au loin, le bruit augmentait dans une proportion formidable.

— Le Trou-Tonnerre chante, dit Seveno.

Je parle pour moi, désormais ; je ne sais ce que ressentaient mes compagnons, silencieux et accomplissant leur devoir avec une régularité mécanique. La chaleur était écrasante, et pourtant une angoisse subtile donnait froid à mes os.

Je ne suis pas marin, et l'habitude est pour quelque chose dans le courage. Je n'ai pas honte de dire que j'aurais donné beaucoup pour avoir le pied sur la terre ferme.

— Est-il fort, votre bateau, patron? demandai-je.

— Quant à ça, monsieur Corbière, il en a vu bien d'autres, répondit Seveno avec calme. Mettez-le grand largue devant le temps, avec deux ris à sa misane, et quand il venterait la peau du diable, il ira son chemin jusqu'en Hollande... Mais ce n'est que du bois; il faut de la toile pour soutenir le bois. Ces deux perches toutes nues le fatiguent, vous voyez bien, et la houle le secoue parce qu'il ne se défend pas... sans compter que si le Judas nous mène là-bas parmi les roches de l'ouest, écoutez donc, les cailloux sont des cailloux et le bois n'est que du bois!

— Pour sûr! approuva l'équipage tranquillement.

J'ignore si, par ce discours, patron Seveno comptait me rassurer.

Il se leva à demi, sans quitter la barre, et jeta un regard perçant par-dessus les têtes des rameurs.

— Ça y est, grommela-t-il ; nous ne pouvons plus virer de bord.

— Pourquoi ? demandai-je.

— Parce que l'olibrius commence à peiner : il a peur.

J'avais perdu de vue M. Bruant depuis quelques instants, tout occupé que j'étais des menaces du ciel. Je cherchai notre nageur à la distance où je l'avais laissé ; je ne le trouvai point : nous l'avions gagné d'au moins deux cents brasses, dans ce court intervalle, non qu'il nageât moins vite, mais la chute du vent avait supprimé le principal obstacle que nous eussions à vaincre. Il ne me fallut qu'un coup d'œil pour reconnaître qu'en effet nous ne pouvions plus virer de bord ; M. Bruant n'était plus le même homme : au lieu de coordonner ses mouvements avec cette lenteur magistrale qui est le principe même de l'art du nageur, il précipitait brasse sur brasse et gaspillait ses forces comme un enfant épouvanté par le froid de l'eau. Ses élans étaient saccadés ; il ne leur laissait pas le temps de produire leur effet et semblait avoir perdu tout à fait ce calme efficace, cette savante économie d'efforts qui naguère excitait mon admiration.

Cette phase dura peu, il est vrai. Au bout de deux ou trois minutes, il reprit conscience de lui-même et retrouva, si l'on peut ainsi dire, le rhythme de son allure, mais la cause de son trouble subsistait ; quelle que fût sa vaillance à soutenir la lutte, il avait un ennemi de plus, un ennemi qui ne pardonne pas.

— Des fois, par l'orage, dit patron Seveno en manière d'explication, il a comme ça des coups de sang. C'est connu.

Ainsi, M. Bruant venait d'avoir un petit coup de sang.

C'est aussi la foudre. Il n'est point d'homme à qui ce mot ne donne une secrète épouvante. Les plus braves peuvent redouter l'apoplexie, au coin de leur feu ou dans leur lit, entourés qu'ils sont de leur famille, à portée de leur médecin, pourvus enfin de tous les secours que l'affection et la science peuvent prodiguer pour vivre, la religion pour mourir.

Mais l'apoplexie au milieu de la mer, quand la tête seule se soutient hors de l'eau et que le corps est déjà noyé! L'apoplexie quand la mort vous entoure étroitement, vous presse de toutes parts, vous enveloppe et vous embrasse ; quand on a besoin, pour tenir seulement son souffle au-dessus de l'asphyxie, de toute sa vigueur et de toute son adresse ! Mesdames, j'eus pitié de ce malheureux homme sur qui la main de Dieu semblait si lourdement s'appesantir !

— Appuyez ferme ! appuyez ! m'écriai-je. Vous serez récompensés, mes amis !

— Là où nous en sommes, on ne travaille plus pour or ni pour argent, monsieur l'avocat, me répondit Seveno sans s'émouvoir. Mais ne vous faites pas de mal pour le Judas : un quelqu'un de son numéro ne peut pas couler comme ça tout de suite. Y a l'habitude. On l'a déjà repêché en attaque à Port-Louis. Il avait perdu la boule, sauf le respect que je vous dois, et il faisait tout de même la planche comme un cœur !

Un souffle de vent chaud nous caressa le visage. En même temps, un voile se répandit sur la mer en avant de nous. Je levai machinalement la tête. Les choses avaient marché là haut plus vite que je ne l'aurais imaginé. Ce grand nuage, qui semblait immobile dans sa masse compacte et sombre, montait, montait. Il mordait en ce moment la pleine lune, et son bord opaque attaquait si nettement le disque lumineux, qu'on eût dit le croissant du premier quartier. Cela dura un instant, puis la lune disparut, laissant à la lèvre du nuage une trace argentée qui s'éteignit à son tour. Derrière nous, la mer étincela encore pendant une minute. Elle se voila, et après elle la côte, qui tout à l'heure montrait ses grèves blanches, se cacha dans la nuit.

— Ecoutez ! fit Seveno.

Les avirons restèrent suspendus.

— Il barbote, dit Jean-Pierre. Nage, les enfants !

C'était en effet comme le bruit d'un malheureux qui se débat dans l'eau. Chacun de nous essaya de percer l'obscurité, mais ce fut en vain : on ne voyait plus le Judas. En revanche, parmi les tumultueux fracas de la tourmente qui approchait, un cri lugubre, un cri dont jamais je n'entendis le pareil, vint à nos oreilles.

Puis la voix de Bruant qui râlait, disant :

— On m'étrangle ! on m'étrangle ! Au meurtre ! A moi ! à moi !

L'écume jaillit sous l'avant du bateau. Je me penchais au dehors pour examiner, car la voix m'avait paru être tout proche, et à chaque instant je m'attendais à découvrir le corps flottant du Judas. Mais rien : ni corps, ni voix. Nous allions dans une obscurité profonde, gouvernant à l'aide du feu de l'ouest, sans savoir désormais si nous courions après Bruant ou si nous l'avions dépassé. Patron Seveno marmottait entre ses dents :

— Pas de danger ! pas de danger ! Y a du temps qu'il a comme ça ses petits coups de sang. Il ne mourra qu'à son tour.

J'étais en train de regarder la mer, quand soudain elle s'illumina à perte de vue d'une lueur livide, mais si violente, que je couvris mes deux yeux de mes mains pour n'être pas aveugle !

— Le voilà ! balbutiai-je. Je l'ai vu !

Une effroyable détonation, sèche et déchirante, coupa la parole sur mes lèvres ; le tonnerre éclatait juste au-dessus de nos têtes, renvoyant son fracas élargi et plus grave à tous les échos de la terre et de l'air.

Patron Seveno ôta sa casquette pour dire gravement :

— Sainte-Barbe, sainte Claire, gardez-nous du tonnerre.

L'équipage répondit en chœur :

— Quand le tonnerre tombera, sainte Barbe nous en gardera.

Pas un coup d'aviron ne fut perdu pour cela, et la courte prière se termina par un : « Ainsi soit-il » général. En ma vie, j'ai rencontré des esprits forts qui avaient grand'peur du tonnerre, mais qui auraient eu grande honte aussi d'appeler à leur aide sainte Claire ou sainte Barbe. Nos bonnes gens n'avaient ni peur ni honte. Néanmoins quand il fait beau temps et que l'orage est loin, ce sont les esprits forts qui se moquent des bonnes gens.

Je l'avais vu ! j'avais vu le Judas, et c'était miracle : loin de l'avoir dépassé, c'est à peine si nous avions gagné sur lui quelques brasses. Il fendait l'eau avec une vigueur nouvelle, et la lueur de l'éclair me l'avait montré dans cette posture particulière que les nageurs émérites choisissent pour lutter contre un courant : le corps incliné, l'oreille dans l'eau, le bras droit en avant, la main gauche décrivant un demi-cercle du sommet de la poitrine à la chute des reins. C'était à croire que nous nous étions trompés et qu'un autre avait poussé le cri de détresse, tant il semblait en parfaite possession de tous ses moyens.

Seul je l'avais aperçu. Les rameurs tournaient le dos, et un autre objet dont je vais parler tout à l'heure avait accaparé l'attention du patron Seveno. Quand l'oraison normale fut achevée, il me demanda :

— Êtes-vous bien sûr de l'avoir signalé, monsieur l'avocat ?

— Comme je suis sûr d'exister.

— C'est que ces éclairs vous en font voir de toutes les couleurs, quand on n'a pas l'habitude... A quelle distance ?

— La même.

— Oh, oh ! Il a un diable dans le corps, c'est certain ! Comment gouvernait-il ?

J'hésitai, ne sachant répondre à cette question si simple en apparence. Patron Seveno la mit tout à fait à ma portée en la traduisant ainsi :

— Les pieds étaient-ils à droite ou à gauche de la tête ?

— Le tout ne formait qu'une ligne, répliquai-je.

— Va bien, alors ! Nage, monsieur Vincent, à la place de Jean-Pierre, qui va se mettre à cheval sur la poulaine. Nous sommes dans les eaux de Groix, par un millier de brasses tout au plus, sous le vent du Trou-Tonnerre... Veille aux roches de Cresscorrec !

C'était Groix qui avait attiré l'attention de Seveno pendant que je regardais le Judas ; l'île de Groix que le prochain éclair fit jaillir hors de la nuit, fantôme splendide et sinistre. Bien souvent, je l'avais contemplée de loin, sombre au milieu de la riante mer, et pareille à un phoque puissant qui séchait au soleil le pelage verdâtre de son dos. De près, ce n'était plus cela. Le rapide passage de l'étincelle électrique me montra le travail des cyclopes : un château fort d'une lieue de long, dont les murailles de granit repoussent depuis le commencement du monde l'assaut terrible de l'Océan. Je vis à ces lueurs qui creusent les ombres et donnent aux plus vulgaires objets de terribles apparences, je vis des tables énormes, soutenues par une force inconnue et pendant au-dessus du vide, des plans noirs et lisses comme les murs de diamant des citadelles de l'Arioste, des fentes béantes, aux lèvres desquelles se tordaient semblables à d'étranges chevelures, les tiges désolées des broussailles marines ; des ruines prodigieuses assez vastes pour loger tous les lutins de Bretagne, et autour de ce rêve, la mer en furie, turbulente comme une cataracte, la mer pleine de hurlements, la mer qui dispersait jusqu'aux fantastiques festons de ces créneaux les gerbes folles de son écume.

Elles étaient deux îles sacrées, Sen à l'occident, Groix à l'orient ; de l'une à l'autre, les génies de la tempête se donnaient la main. En ce temps-là, des forêts impénétrables, détruites par des cataclysmes dont l'histoire n'a pas gardé souvenir, couvraient le sol, partout où le feu druidique n'avait pas fait place nette pour le temple qui abritait les sacrifices humains. Les forêts sont mortes, les temples restent, sanctuaires bizarres qui proposent l'énigme éternelle au temps perdu de la science.

Juste en face de nous se dressait un de ces

sphinx informes : grossier obélisque de granit qu'on pouvait prendre pour un spectre, debout au faîte des roches.

C'était là que debout aussi, livrant aux vents déchaînés le lin de son voile et les blondes tresses de sa chevelure, la Velléda inclinait devant l'éclair les branches de gui avec la serpe d'or. C'était là.

L'orage connaissait la puissance de sa voix virginale ; les flots en courroux obéissaient à son sourire.

C'était là. Autour d'elle se rangeait le sénat des prêtres à barbe blanche. Bélénus écoutait, vautré parmi les nuées ; et la Cybèle gauloise, nageant dans le brouillard, murmurait d'incompréhensibles oracles.

C'était bien là. Le vent y garde comme un écho du sacré murmure des chênes vieillards, et voyez : à cette table inclinée que supportent trois quartiers de granit, voici encore la rigole par où coulait le sang chaud et rouge de l'adolescent égorgé. Les dieux du meurtre buvaient le sang.

Groix est restée ce qu'elle était en ces jours païens : l'île des tempêtes, la forteresse qu'assiége sans cesse et toujours en vain l'Océan. Elle n'a point de port proprement dit : on y aborde par le beau temps dans trois criques misérables où les bateaux ont grande peine à se garer ; par le mauvais temps, on n'y aborde pas du tout : j'entends les bateaux du dehors, car les bateaux de Groix se gréent avec de la corde de pendu. Les roches ne les cassent pas ; ce sont eux qui cassent les roches.

A mesure que nous avancions, l'île nous servait d'abri et la mer devenait relativement calme, quoique la tourmente fût dans toute sa force. Le bruit du ressac, brisant sur la grève qui commençait à se découvrir, était dominé par des bruits plus lointains et bien autrement assourdissants. Ces bruits venaient du large et de la côte sud de l'île où l'effort de la lame se portait. L'obscurité était si profonde, que, d'un bout à l'autre de la barque, nous distinguions difficilement les objets. Cependant l'œil s'habituait à ces ténèbres et détachait confusément du ciel noir la silhouette plus noire de Groix. Quant à découvrir un objet quelconque sur la surface de l'eau, impossible.

Les éclairs étaient rares et faibles entre ces grands déchirements qui mettaient le feu aux quatre coins du ciel. Il s'écoula un assez long intervalle avant que nous pussions apercevoir Bruant de nouveau. Nous savions où il était, neanmoins, par ces cris, qui se renouvelaient périodiquement et que nous entendions plus rapprochés, quand les rafales portaient. Au lieu de se diriger vers la grève, il inclinait à l'ouest, ce qui allongeait sa route, et cependant ses plaintes plus fréquentes et plus faibles annonçaient une rapide diminution de forces.

— C'est malin, les fous ! murmura Seveno.

Et Jean-Pierre répondit :

— Nous allons en perdition... roches à bâbord !

— Roches à tribord ! annonça de son côté Vincent. Mon aviron s'est pris dans les goëmons !

Un troisième embrasement se fit, qui nous montra autour de nous une forêt d'écueils. Le Judas était à cent pas de nous, vers l'ouest, et touchait presque la base de ce gigantesque éperon qui défend Groix contre le vent du couchant. Il se débattait, mais il triomphait, car, au moment de l'éclair, il tournait sa face vers nous, et nous entendîmes son cri insultant, suivi d'un râle profond qui voulait être un éclat de rire.

L'explosion retentit effroyablement dans les ruches.

— Sainte Barbe, sainte Claire, dit le patron, gardez-nous du tonnerre !

— Quand le tonnerre tombera, sainte Barbe nous en gardera.

Je joignis ma voix à celle de l'équipage.

— Un bon coup du gros canon tout de même, ajouta paisiblement Seveno ; la mer déchale, mes petits canards. Appuie ferme, ou la prochaine graud'lame va nous casser nos œufs, c'est moi qui vous le dis !

A Groix, en marée, par le gros temps, la grand'lame fait remonter le niveau de l'eau d'un mètre pour le moins sous le vent de l'île et de deux mètres au vent. Nous étions à l'extrême pointe, et nous n'avions plus pour abri que l'éperon lui-même. La grand'lame vint, non plus devant nous, comme au large, mais par derrière, et je la vis le premier écheveler au loin sa crinière d'écume. C'était une vraie montagne ; je donnai mon âme à Dieu, attendant le choc de cette masse furibonde.

— Attention ! commanda Seveno, qui ne se retourna même pas. *Siétez*-vous au fond de la barque, monsieur l'avocat, et tenez bon. Veille à lui, Jean-Pierre... Ferme partout, les autres ! Voilà le tabac ! Eh houp !

— Eh houp ! fut-il répondu presque gaiement.

La montagne d'écume arrivait, noire à sa base, blanche à son sommet, comme la lueur du phosphore. J'ai vu tomber l'avalanche : c'est cela. Un fracas que nul mot ne peut rendre nous enveloppa. J'étais fasciné et paralysé : je n'aurais pas pu faire un mouvement pour sauver ma vie. Je me crus fou, quand la masse bouillante fit voûte en quelque sorte au-dessus de nos têtes. Je fermai les yeux et mon cœur se déchira, parce que je pensai à ma maison tranquille et à mon pauvre bonheur : ma mère, ma femme, mes petits enfants...

L'arrière se souleva terriblement : il me sembla que je descendais, la tête en bas, tout au fond de la mer.

— Eh houp !
— Tiens bon à bâbord !

Une douche formidable m'écrasa, puis me mit à flot. J'aurais été emporté si une main de fer n'eût saisi ma chemise à poignée sur ma poitrine.

J'entendis qu'on riait : cela me plongea au plus profond de mon vertige.

En même temps, le souffle me manqua ; j'éprouvai la sensation d'un homme réduit à l'état de corps inerte, qui serait lancé dans le vide par un engin puissant : une baliste ou une catapulte. Puis, autour de moi, tout mourut : j'étais mort.

Quand je m'éveillai, Jean-Pierre était en train de me secouer, disant :

— Eh ! monsieur l'avocat ! Eh ! monsieur l'avocat !

J'étais resté sans connaissance un quart d'heure à peu près. J'ouvris les yeux avec une peine extrême : désormais le balancement désordonné du bateau me faisait subir une véritable torture. Je dus prononcer le fameux Où suis-je ? car patron Seveno me répondit :

— Encore en vie, monsieur l'avocat... c'te damnée grand'lame nous a remorqués hors des brisants à la papa. N'empêche qu'il y fallait la façon, comme on dit, et que le vieux Seveno a donné deux ou trois coups de barre qui vaut de l'argent !

La mémoire renaissait ; mes yeux recommençaient à voir. Autour de moi, la scène était si étrangement changée, que cela tenait en vérité du prodige. Le vent soufflait de nouveau avec violence, mais la lune brillait au ciel, voguant parmi la course précipitée des nuages. Deux matelots seulement restaient aux avirons, pour maintenir le bateau, pendant que le restant de l'équipage hissait la misaine qui claquait comme un fouet. Nous étions au large, à un demi-quart de lieue de Groix, qui se montrait maintenant nettement éclairée, au milieu de sa vaste ceinture d'écume. Juste en face de nous, le rempart de granit se fendait, présentant une profonde et ténébreuse anfractuosité où l'œil ne pénétrait point. A cet endroit, le ressac était d'une violence sans pareille, et chaque fois que le flot acharné brisait contre cette ouverture, une détonation large et sourde se propageait dans l'air;

— Le Trou-Tonnerre cause tant qu'il peut à c'te nuit, dit Seveno. Souque, garçon ! Appuie !... souque !... Encore un coup ! Amarre !

La voile était parée. Le bateau vint au vent, grand largue, et bondit comme un cerf.

— Et M. Bruant ?.., balbutiai-je.

Seveno pointa du doigt le fond de la barque, et je me reculai comme si, tout à coup, je m'étais vu près d'un serpent.

— Il n'est pas tout à fait défunt, murmura Jean-Pierre.

Le Judas était couché près de moi, presque sous mes pieds. Il n'avait point de blessure, mais sa face décomposée et livide parlait d'agonie. Sa bouche restait béante ; de chaque côté de ses lèvres, deux plis profonds se creusaient ; ses yeux démesurément ouverts montraient une marge blanche tout autour de sa prunelle vitreuse et immobile.

Il ne bougeait pas, mais ses lèvres tremblaient imperceptiblement.

— Ecoutez voir, monsieur l'avocat, me dit le patron en clignant de l'œil ; il marmotte com ça toujours la même chose. La cervelle n'y est plus du tout... Il a eu trop de petits coups de sang pour une fois !

Je me penchai au-dessus de M. Bruant, et, malgré ma répugnance, je mis mon oreille tout contre ses lèvres. Distinctement j'entendis ces mots, qui revenaient comme un refrain cent fois répété :

— Vous ne l'aurez pas ! vous ne l'aurez pas !

— Le testament ! pensai-je tout haut.

— Eh bien, répondit Seveno, l'écrit est à bord, et le grand-père avait bien dit tout de même que M. Chédéglise pêcherait, c'te nuit, *son d'or !

— Monsieur Corbière, prononça une voix faible derrière moi, ce n'est pas pour avoir cela que j'ai risqué ma vie !

Je me retournai vivement. Vincent de Chédéglise était couché à l'avant, sur la grand'voile. Il avait la figure ensanglantée, et de larges plaques rouges tachaient sa chemise.

— Où êtes-vous blessé ? m'écriai-je.

— Quant à ça un peu partout, monsieur l'avocat, répartit Seveno. C'est lui qui l'a voulu... Mais pas de danger.., Largue l'écoute, Courtecuisse !

J'avais le testament sur mes genoux. La double feuille de parchemin était fatiguée comme si on avait fait effort pour la déchirer ; elle portait même des traces de morsures, mais elle restait intacte, en définitive, et la lueur de la lune me montrait l'écriture parfaitement distincte.

— Mes amis, demandai-je, que s'est-il donc passé?

Patron Seveno mit aussitôt la barre sous son aisselle et prit sa pose d'orateur.

— Comme quoi, dit-il, on n'a pas eu le temps d'embarquer une chopine d'eau-de-vie, et c'est dommage... Bourre-m'en une, Jean-Pierre... Voilà donc, monsieur l'avocat, qu'en sortant des roches, nous avons perdu les deux avirons de bâbord contre un voleur d'écueil qu'à nom le Cochon de lait, sauf le respect qui vous est dû. Il faisait noir comme dans l'enfer, et le diable chantait ses litanies sur l'air de : « J'allume « ma pipe au fond d'un puits. » Voyant comme ça qu'on ne battait plus que d'une aile, voilà une lame qui s'amuse à nous prendre par le travers. Va-z'y-voir ! C'est là que je me suis aperçu de la chose que vous aviez perdu la boule, excusez, car vous vous laissiez noyer

sous votre banc tout doucement... Attrape à
vider que je dis et partage les avirons qui restent... Bah ! ce n'était pas trop de quatre morceaux de bois, pourtant, pour tenir la barque
debout au temps ! mais on se met deux sur chaque, quoi, et ce n'est pas tous les jours dimanche !

C'est bon. Nous avions doublé la pointe et
nous rangions le Trou-Tonnerre de plus près
que nous ne voulions. C'est connu que le Trou-Tonnerre vous attire quand on passe tout contre. Que voulez-vous ? Je dis : « Veille au Judas
Jean-Pierre, » quand l'idée m'en revint, car
l'avais un petit peu mis de côté. Jean-Pier
me fait : « Patron, faudrait une chandelle. »
J'étais trop loin pour avoir le plaisir de lui alloger un coup de pied. Un éclair ! « Allons, che
« che ! v'là la chandelle ! » Pas plus de Judas
que sur la main ! Un second éclair ! On braque

tous les yeux, ici et là, près et loin : quand il n'y a rien, on ne peut rien voir, pas vrai ? Pas de Judas !

Je voulais virer, pour le coup, cap sur Lorient, mais M. Vincent avait sa chanson ; il radotait : « Mlle Jeanne m'a dit de le sauver. » C'est bon, mais il y a quarante brasses de fond dans le trou, et comment faire pour le sauver, s'il était déjà au fond de l'eau ?

Faut vous dire que le Trou-Tonnerre est la porte de chez Satan. On sait ça. Vous l'avez entendu bavarder tout à l'heure, qu'on dirait un demi-cent de canons qui chuchotent tout bas. Ça vient de ce qu'il est fait en entonnoir avec une porte, et que quand le flot s'y engouffre : feu partout ! la mécanique éclate. A mi-marée, devant la porte, le râtelier commence à découvrir. Le râtelier, c'est une rangée de dents pointues : des pierres, comme de juste.

En voilà assez, vous allez comprendre. Depuis un petit moment on n'entendait plus le Judas, et je me disais : C'est rapport au tintamarre, ou bien qu'il est parvenu à prendre terre, quoique la roche soit haute et lisse comme un mur.

Mais voilà un cri d'étranglé : « Au secours ! « au secours ! » Où ça ? Dans le trou même. Ma parole ! l'enragé avait passé avec la lame par-dessus le râtelier.

Moi, je lui réponds :

— Repasse, matelot, puisque tu as passé : nous allons te jeter une ligne.

Alors, son ramage ordinaire :

— Canailles ! caïmans ! peaux-bleues ! Vous ne l'aurez pas ! vous ne l'aurez pas !

— C'est égal. J'amarre un plomb au bout de ma meilleure ligne, et je parviens à le lancer juste dans le trou.

— Empoigne ! je lui dis.

Il empoigne, le scélérat, et souque si fort, que me voilà à plat ventre contre le bordage. Il a eu ma ligne, le failli ! trente brasses de corde neuve ! j'avais ôté l'hameçon, crainte de le piquer.

Et tout de suite après avoir fait le coup, il récria :

— A l'aide ! à l'aide ! mes chrétiens ! au secours !

Quoi ! Les petits coups de sang. C'est connu.

Nous nous soutenions en face du trou sur les deux avirons, et les matelots savent ce qu'ils ont sué d'eau à ce jeu-là !

Un éclair ! un vrai, que toute la mer en a flammé. Nous voyons enfin le Judas qu'il essayait de s'accrocher aux bords du trou. Faudra visiter ça, monsieur Corbière, c'est la curiosité du pays: fait en dedans comme une

bouteille de verre, et se rapetissant par le haut,
Pas seulement la moindre des choses pour s'y
prendre : ni fente ni avance. On eut pitié, quoi !
Il avait les yeux hors de la tête et ses ongles
saignaient.

Je lance la ligne de Courtecuisse ; il me la
coupe avec ses dents, comme un sauvage. Et
des sottises au panier ! gredins ! voleurs ! racailles ! jusqu'au prochain petit coup de sang,
où il crie à fendre l'âme :

—.Au secours, mes amis, je me noie !

Ah ! quelle pratique ! Ça dure comme ça
pas mal de temps, si bien que la mer déchale
toujours et que le râtelier ne couvre presque
plus quand vient la lame. Encore deux minutes
et il pourra s'accrocher aux dents. Je t'en souhaite !

Vous croyez donc que le bon Dieu ne grince
pas, à la fin des fins !

Au prochain éclair, voilà ce que nous signalons : un chien mort dans une mare. Ma parole sacrée, on y a pensé, tout l'équipage et moi : que l'infortuné flottait les bras étendus, la bouche ouverte et les yeux éteints, et que l'eau, en allant et venant, le faisait tourner lentement autour de la tasse.

Ça donne des figures aux choses, les éclairs : on a eu froid dans les os, quoi !

J'ai dit : « Paraît qu'y a eu un petit coup de sang, un tantinet plus carabiné qu'à l'ordinaire... Pare à virer, c'est fini. »

Mais M. Vincent s'était rebiffé de bout en bout, qu'il a commandé sans porte-voix :

— Plaisantons pas ! Mlle Jeanne m'a dit de le sauver ! Aborde !

J'ai mangé le pain de Chédéglise ; je sais comme ils sont faits, ayant la tête dure comme la roche, de père en fils. J'ai objecté la sagesse, il m'a engagé à taire mon bec en silence. C'est bon, j'ai coupé ma langue.

Mais comment aller pêcher le Judas, puisqu'il ne valait pas mieux qu'un bout de planche ? C'était là le hic. Vous croyez ça ! Du tout. M. Vincent avait son idée. Les Chédéglise, c'est du monde qui n'ont pas froid aux yeux.

— Une corde ! qu'il a demandé.

Rapport à la fête, on n'avait pas embarqué les lignes. A part la mienne et celle de Courtecuisse, pas un brin de corde à bord, excepté la grosse amarre, la bosse et les agrès. Tout ça, c'est trop lourd. Jean-Pierre a tapé dans ses mains, criant :

— Y a la ligne de Monsieur Vincent, avec quoi qu'il a essayé l'an dernier de pêcher le poisson d'or !

C'est vrai qu'on l'avait mise à part dans la chambre d'arrière comme une relique. Voilà qu'est dejà drôle, hé, monsieur l'avocat, l'histoire de c'te ligne?

M. Vincent vous la dévide en deux temps et saute à l'eau la tête la première. Il aborde le râtelier : vlan ! la lame le toque contre les roches, et je me sens la sueur froide par tout le corps. Mais, avant que j'aie seulement jeté mes souliers, il s'est rattrappé aux dents et il a repiqué une tête dans la tasse.

Il y a plus drôle que la ligne, vous allez voir ! C'est connu que, pour pêcher le grand merlus du Trou-Tonnerre, faut un Chédéglise, le Chédéglise y était ; c'est connu qu'il faut au bout de la ligne la chair d'un chrétien, quand on n'a pas l'autre *boîte* que je n'ose pas nommer ici, entre la vie et la mort : y avait la chair d'un chrétien au bout de la ligne ; c'est connu que l'heure de minuit doit sonner.... quoi! vrai comme Dieu nous voit, minuit a sonné justement à la chapelle de Lokeltas-en-l'Ile.

Nous nous sommes regardés, les matelots et moi. Au douzième coup, M. Vincent a crié :

— Je le tiens ! soulage !

Et nous avons halé c'te bête-là, qu'est bien le poisson d'or, ayant sous son gilet l'écrit qui vaut des millions et des milliasses ! Comme quoi, je trouve ça farce... et vous, M. l'avocat ?

Ayant ainsi parlé, patron Seveno, tout en fumant sa pipe, laissa tomber de sa boîte de corne, sur le dos de sa main, une copieuse prise de tabac, après quoi il glissa dans le coin de sa bouche une chique de taille vénérable qui enfla sa joue comme deux fluxions. On n'est pas parfait : patron Seveno avait une grande quantité de mauvaises habitudes.

Du train dont nous allions, il ne nous fallut pas plus d'une demi-heure pour atteindre la jetée de Larmor. La côte était déserte et tranquille ; les fêtes, dans nos campagnes bretonnes, ne durent pas jusqu'à une heure du matin. Il ne restait personne sur la place de l'église, naguère si bruyante, et tout le monde dormait au cabaret de la mère Tabac. Dans tout Larmor, il n'y avait qu'une fenêtre éclairée : celle où Jeanne de Keroulaz veillait au chevet de son rand-père mourant.

M. Bruant fut déposé chez le docteur P***, médecin de la marine, qui avait sa maison de plaisance à Larmor. Il survécut deux jours entiers au dernier petit coup de sang qui l'avait pris dans le Trou-Tonnerre. Dès qu'il fut mort, Lorient et Port-Louis dirent de lui pis que pendre. Le royaume des millions est de ce monde ; même quand ils sont à peu près bien acquis, il leur faut payer jusqu'à leur épitaphe.

M. Bruant ne recouvra pas un seul instant sa

connaissance ; jusqu'au dernier soupir, il murmura des paroles inintelligibles pour ceux qui l'entouraient. Ces paroles, toujours les mêmes, selon le rapport du docteur P***, étaient celles-ci ou quelque chose d'approchant :

« Vous ne l'aurez pas ! vous ne l'aurez pas ! »

Une fois, pourtant, peu d'instants avant que d'expirer, il dit d'une façon plus distincte :

— Elle meurt d'envie de m'épouser... Sais-je ce qu'est devenu son père ?...On ne me l'avait pas donné à garder !

Judas parlait comme Caïn.

M. Keroulaz rendit son âme à Dieu quelques heures après le décès de J. B. Bruant : ainsi toutes ses prédictions se trouvèrent accomplies, depuis la première jusqu'à la dernière...

— Et c'est tout ? demanda la marquise, voyant que Son Excellence se taisait.

— C'est tout, répondit le ministre ; pardonnez les fautes de l'auteur.

— Et voilà, reprit la belle nièce du prince de Talleyrand, d'où vient la fortune de ma sœur ?

Mme la comtesse douairière de Chédéglise eut un peu de rouge au front. M. de Corbière, qui était sur le point de prendre congé, se rassit vivement et s'écria :

— Pardon ? pardon ! Je demande la parole. Belle dame, nous sommes de la Bretagne et non du Périgord. Votre sœur ne s'est point mésalliée, je tiens à établir cela, moi, qui suis toujours l'avocat de Keroulaz. Il y a longtemps que Talleyrand et Chédéglise sont revenus des croisades : ce qu'ils ont fait depuis lors, qu'un autre le dise pour Talleyrand, pour Chédéglise, moi, je le dirai. Nous étions pauvres, mais honnêtes, pour parler comme tout le monde, et s'il fallait comparer...

— Bon ami, interrompit doucement la comtesse en lui tendant la main, on ne nous attaque pas.

— Aussi, Dieu me garde de vous défendre, chère dame ! j'ajoute tout uniment une page à mon histoire qui n'avait pas de dénoûment. Notre fortune nous venait de nos pères ; les anciens amis politiques de M. de Talleyrand nous l'avaient prise pour la vendre au citoyen Bruant, lequel l'avait payée du prix de notre propre sang : voici le fait principal ; je ne voudrais pas enlever au citoyen Bruant les sympapathies de Mme la duchesse, mais qu'elle s'en prenne à Dieu seul, de la hideuse mort qui termina cette infâme vie, car Dieu seul frappa le meurtrier de Chédéglise et de Keroulaz.

Nous étions presque des proscrits encore, à l'époque dont je parle. La justice était de votre avis, madame, et protégeait le citoyen Bruant.

Nous étions faibles, veuillez comprendre cela, et nous n'avions pas le pain quotidien.

Dans ces livres nouveaux qui font vos délices, dans ces pièces de théâtre dont vous faites le succès, voulez-vous me dire ce qu'on voit toujours et toujours, ce qui rend le dénoûment joyeux, ce qu'on désire tout le long de la lecture ou de la représentatiou, ce qui arrache, en un mot, les applaudissements de la fin ? c'est le châtiment du crime bien plus encore que la récompense de la vertu. L'homme est ainsi ; j'en suis fâché, mais qu'y faire ?

Je vous mets au défi, vous personnellement, madame, de prétendre que vous n'êtes pas enchantée chaque fois que l'auteur a la bonne inspiration de mettre une arme vengeresse dans la main du fils de la victime. Ces élégants volumes épars sur votre guéridon admettent toutes la loi du talion : Œil pour œil, dent pour dent !

crient-elles. La Comédie-Française le répète en beaux vers ; sur tous les tons, l'Opéra le chante : c'est la suprême jurisprudence de l'art.

Eh bien ! Vincent de Chédéglise n'était pas à votre hauteur ; c'était un pauvre doux jeune homme, brave comme un lion, il est vrai, mais chrétien des pieds à la tête, et Jeanne de Keroulaz, imbue de ce travers, le pardon des injures, eût fait une bien triste héroïne de roman. Vous voyez si je la défends ! Oh ! ces deux-là, madame, le mari et la femme Jeanne et Vincent, n'ont pas besoin d'avocat ! Dieu les aime et le monde les vénère. Votre sœur ne s'est point mésalliée.

Le citoyen Bruant avait tué le frère aîné de Vincent et le père de Jeanne. Jeanne ordonna de le sauver, essayant ainsi d'arracher une âme à la punition éternelle, et Vincent obéit.

Pour obéir, il risqua sa vie. Pardonnez-lui,

pardonnez-leur de ne point ressembler aux acteurs de vos drames favoris. Chacun va selon sa conscience, et notre Bretagne est bien arriérée dans la voie du progrès.

Mais il y a le poisson d'or, n'est-ce pas? Le testament, qui valait cent mille écus de rentes? Bonne pêche! trop bonne pêche! Votre exquise délicatesse, belle dame, reste effarouchée. Je ne sais pas pourquoi vous gardez ainsi rancune à la Providence qui répare le mal: néanmoins, je vais rassurer votre délicatesse exquise.

C'était à eux, c'était bien à eux cette fortune, moitié du chef de Keroulaz, moitié du chef de Penilis. Leur droit n'était pas dans le testament, car, en saine morale, le testament n'était qu'une clef qui permettait aux spoliés de rouvrir la porte de leur propre demeure. Je suis honnête homme avant d'être homme de loi, et j'affirme que j'aurais, pour mon compte, accepté le bénéfice du testament sans scrupule.

La nuit même où se passèrent les événements que j'ai racontés, je déposai le testament sur le lit de l'agonisant. Je vous prie d'écouter ceci, madame. Le grand'père médita et pria, puis il dit :

— Deux parts. La première aux pauvres, la seconde pour vous, mes enfants.

— Ah ! ah ! fit la marquise avec un accent de triomphe : il était un peu de mon avis !

M. de Corbière sourit.

— Jeanne et Vincent gardèrent le silence, reprit-il ; puis Jeanne embrassa son aïeul en murmurant :

— M. Vincent de Chédéglise a parlé à l'armateur ; il est second à bord du lougre *le Kergritz*. Désormais, il peut nourrir sa femme.

Vincent se mit à genoux devant elle et lui baisa les deux mains.

On ne dit plus un mot, mais les regards se

parlèrent ; le parchemin alla dans le foyer où chauffait le breuvage du malade. Il fut longtemps à brûler ; on aurait pu se raviser et l'y reprendre.

Le grand-père bénit ses enfants ; sur son visage transfiguré, je vis couler sa dernière larme.

Voilà, madame la duchesse, la belle-mère de votre jeune sœur, resta seule ; son grand'père était mort, et son mari voyageait au loin. Si je ne craignais de vous faire honte, je vous avouerais que Mme la comtesse de Chedéglise fut obligée de travailler pour vivre. Il n'y avait que moi, cependant, à regretter le testament détruit.

Que le Ciel procure à vos chers enfants de pareilles mésalliances dans l'avenir ! Je ne puis dire tout ce que je sens, et la présence de Mme la comtesse a gâté mon histoire.

Vincent ne resta qu'un mois lieutenant de

commerce. La guerre venait d'éclater entre la France et l'Angleterre. Les ports de l'ouest remontaient les caronades de ces héroïques navires qui furent la gloire de notre marine : je veux parler des corsaires bretons. La vocation de Vincent s'éveilla tout d'un coup : il était soldat sans le savoir. Il fit la course sous Magon de la Vieuville et sous Potier de la Houssaye, l'ami, le parent et le rival de Robert Surcouf. En 1810, M. Surcouf lui donna *le Victor-Amédée*, trois-mâts portant seize canons, et dont tous nos matelots connaissent les aventures légendaires.

Ce fut la France madame la duchesse, qui, en 1815, rendit aux familles de Penilis et de Keroulaz, désormais confondues dans la maison de Chédéglise, les biens que la France leur avait pris à une heure funeste. L'unique héritier de M. Bruant avait été, en effet, jusqu'alors l'État. M. le comte Vincent de Chédéglise fut nommé capitaine de vaisseau et pair de France ; il entrait dans sa vingt-huitième année. A cet âge, Alexandre le Grand avait déjà conquis le monde, et M. le prince de Bénévent, évêque d'Autun, avait en poche sa première sentence d'excommunication. Je m'en vais heureux, madame la duchesse, si je vous ai mis l'esprit en repos. Le roi m'attend ; je me sauve.

Il s'enfuit, en effet, que le roi l'attendît ou non, et se frotta les mains depuis la rue de Varennes jusqu'aux Tuileries. La douairière de Chédéglise le suivit, sans oublier de donner le baiser de paix à la belle duchesse.

— Quand il ne sera plus ministre... murmura cette dernière.

— Chère mignonne, interrompit la marquise avec son impertubable bonne foi, ces détails manquaient absolument, et vous avez bien fait de provoquer une explication. Seulement Son

Excellence a la dent dure.... et n'aime pas votre respectable oncle.

La duchesse ne faisait jamais longtemps la moue, parce qu'elle tenait à son sourire qui était un enchantement.

— Le roi peut tout, dit-elle, excepté savonner un vilain ! C'est l'impossible.

Puis elle ajouta en modulant un perfide soupir :

— Ma sœur n'en a pas moins les trois cent mille livres de rentes de ce pauvre Judas !

FIN.

www.ingramcontent.com/pod-product-compliance
Lightning Source LLC
Chambersburg PA
CBHW070854170426
43202CB00012B/2070